中国产业发展模式研究

——以汽车零部件产业为例

温茜茜　著

ZHEJIANG UNIVERSITY PRESS
浙江大学出版社

图书在版编目（CIP）数据

中国产业发展模式研究：以汽车零部件产业为例 /
温茜茜著. —杭州：浙江大学出版社，2015. 12
ISBN 978-7-308-15449-9

Ⅰ.①中… Ⅱ.①温… Ⅲ.①零部件—汽车工业—产
业发展—研究—中国 Ⅳ.①F426.471

中国版本图书馆 CIP 数据核字(2015)第 306597 号

中国产业发展模式研究

——以汽车零部件产业为例

温茜茜　著

责任编辑	伍秀芳(wxfwt@zju.edu.cn)	
责任校对	杨利军　陈晓璐	
封面设计	周　灵	
出版发行	浙江大学出版社	
	（杭州市天目山路 148 号　邮政编码 310007)	
	（网址：http://www.zjupress.com）	
排　　版	浙江时代出版服务有限公司	
印　　刷	杭州日报报业集团盛元印务有限公司	
开　　本	710mm×1000mm　1/16	
印　　张	11	
字　　数	192 千	
版 印 次	2015 年 12 月第 1 版　2015 年 12 月第 1 次印刷	
书　　号	ISBN 978-7-308-15449-9	
定　　价	00.00 元	

前　言

随着经济全球化趋势的发展,资源要素在国界之间流动壁垒的降低,发达国家和发展中国家在产业发展上的竞争越来越激烈。产业发展是一个国家经济发展的基础,所以对产业发展模式的研究有着重要的现实意义。在此背景下,本书立足于马克思政治经济学和西方产业经济学的相关理论,试图建立研究产业发展模式的一般性理论框架,并在该研究框架下对中国汽车零部件产业发展模式进行分析。

本书结合了规范研究与实证研究、统计分析与比较分析、归纳与演绎等方法进行论述。首先,从理论研究来讲,产业发展模式是在研究产业发展的基础上,再总结出来的。而产业发展应该包含两个方面,即对产业发展过程的总体刻画和研究其背后的作用机制和动力。通过对产业发展的这两方面的探究,可以得出其发展模式,即在发展动力作用下的产业发展规律和特点。所以,产业发展模式的研究框架应包括三个方面,即产业发展规律研究,产业发展作用机制和动力研究,以及产业发展模式的类别、绩效评价、模式优化研究。其次,在实证研究上,我们可运用这个产业发展模式研究框架对中国汽车零部件产业发展模式进行分析。本书在分析了中国汽车零部件产业的发展规律和趋势之后,对其发展动力进行分析,最后对其发展模式进行绩效评价并提出政策建议。

第 1 章说明了选题的背景、意义和本书的写作目的,整理了关于产业发展模式的理论研究现状和对中国汽车零部件产业发展的研究现状,确立了本书的研究内容。

第 2 章对产业发展模式相关理论进行了梳理。本书针对产业发展模式的理论背景的不同说法,结合他人的观点,考虑到本书确立的产业发展模式的分析框架,认为产业发展模式的理论基础应包括产业组织理论、产业集群理论和产业生命周期理论。

第 3 章是对产业发展规律的研究。单个产业发展的规律包括时间上的阶段性和空间上的集合性,分别体现为产业的生命周期和产业的集群发展。单个产业发展趋势包括产业发展的国际化和生态化等。

第4章研究产业发展动力,包括研究产业发展的作用机制和动力因素。产业发展的作用机制包括利益驱动机制、供求机制和差异机制等内部机制,以及竞争机制、决策与协调机制等外部作用机制;而产业发展的动力因素包括需求、技术创新、自然资源、劳动力、投资、制度等因素。

第5章研究产业发展模式的类型、优化和发展模式绩效评价体系。本书提出基于产业发展的驱动力,对产业发展模式进行分类,并针对产业生命周期的不同阶段,构建了产业发展模式绩效评价的指标体系。

第6章到第9章在前文产业发展模式的研究框架下对中国汽车零部件产业的发展模式进行分析。

第6章对中国汽车零部件产业的发展规律和发展趋势进行了分析。这些分析包括该产业发展特征、组织和技术发展趋势分析。我们运用特征变量法对中国汽车零部件产业所处的生命周期阶段进行了判断,得出中国汽车零部件产业目前处于其产业生命周期的成长期阶段,然后对中国汽车零部件产业出现的六大产业集群进行了分析。

第7章对中国汽车零部件产业组织进行分析。本书根据西方产业经济学的分析框架,对中国汽车零部件产业市场结构、市场行为和市场绩效进行分析,然后以哈佛学派的结构—行为—绩效(SCP)理论为基础,基于2001—2010年的季度数据做了实证分析。对于市场绩效,选择了成本费用利润率作为测量指标,市场结构和行为选择了企业数量和出口值占总销售值的比例作为测量指标,得出了企业数量与利润率的负相关关系,以及出口值占总销售值与利润的正相关关系。

第8章从市场动力、人力资源动力、资本动力、技术创新和制度动力(主要指产业政策)这五个方面对中国汽车零部件产业的发展动力进行分析。其中市场动力包括配套市场、出口市场和售后市场;劳动力包括一般劳动力、专业人力资本和企业家人力资本;资金动力包括国有资本、外资和民营资本。制度动力则主要分析产业政策的影响。通过分析这些动力因素对中国汽车零部件产业发展的推动作用,找出了现阶段该产业发展的主要动因是巨大的市场和零件劳动力带来的成本优势,从而得出了中国汽车零部件产业现阶段的发展模式是市场和廉价劳动力驱动模式。

第9章首先对美国、日本、德国、印度等国的汽车零部件产业发展模式进行比较分析,获得对中国的启示。然后,运用本书在第 5 章构建的产业发展模式绩效评价指标,对处于产业生命周期的成长期阶段的中国汽车零部件产业发展模式进行了绩效评价,结果表明,目前的市场和廉价劳动力驱动型的产业发展模式不可持续,必须向技术创新和资本驱动型发展模式转变,最后给出了相应的政策建议。

本书在写作过程中得到复旦大学严法善教授的悉心指导。本书从确立选题到确定框架,直至最后的修改过程,无不凝聚了严教授的心血。严教授高尚的人格、严谨的治学精神、深厚的理论功底、平易近人的作风一直以来影响和鞭策着我。每当在我遇到各种困难和面临各种考验时,想起恩师的教导和鼓励,我总是有了努力的方向和动力。能够成为严老师的学生,是我最大的幸运,非常感谢他!

感谢复旦大学洪远朋教授对本书选题的指导和帮助。洪教授功底深厚、高屋建瓴、思维敏锐,他的指导给了我很大的信心,在此对他表示最诚挚的敬意和谢意!

感谢我的同门,徐婧、徐蕾、韩金红、王昕、孙婧、季程鹏等给我的帮助和支持,同他们的交流和探讨给了我很多启发。

感谢我的父母和家人,他们的支持和陪伴是我不断前进的动力源泉!

温茜茜

2015 年 8 月于杭州

C ONTENTS 目 录

第1章 绪 论

1.1 研究的背景、意义和目的

1.1.1 研究背景和意义

21世纪以来,在全球大市场的背景下,资源要素的流动壁垒越来越低,国际竞争越来越激烈。发达国家想运用其原先的技术和资源上的领先地位进一步掠夺和占领全球资源,加大和发展中国家的差距,而发展中国家则希望迎头赶上。各国之间的竞争具体表现为各个产业之间的竞争。发达国家有相对丰富的产业发展经验,他们在产业的发展中能够趋利避害,抓住主要矛盾,形成合理的产业发展模式,而发展中国家在这方面则相对薄弱。随着全球信息化的发展,信息化和工业化的结合让产业发展的速度大大加快,这有利于发展中国家用较小的资源代价达到发达国家的水平。在现代经济的发展中充满不可预知性,技术和制度变迁的速度越来越快,不确定性占有越来越重要的位置。在这样的背景下研究产业发展模式,对国家或地区采取何种产业发展模式以及制定何种产业发展政策有着很大的指导意义。

中国经过近四十年的改革开放,经济的发展取得了巨大的成功,完成初步工业化,初步建立了社会主义市场经济体制,人均GDP达到1000美元,初步进入了小康社会。但是可以看到目前中国的产业发展水平仍然比较低,整个国民经济仍然处于从计划经济到市场经济的转型时期。政府部门还拥有着与社会市场经济不相称的各种权利。一些既得利益者利用他们的权力来影响生产要素的配置,造成生产要素市场的扭曲,不利于形成合理的产业发展模式。另一方面,现有的高能耗、高污染的传统工业化模式下的产业发展路径已经不能适应当前的需要。中国的GDP增长耗能指数是世界平均数的两倍,国内的水和空气都污染严重,脆弱的生态环境不堪重负。这种粗放式的依靠大量耗

— 1 —

能的发展模式显然是不可持续的。中国需要培育和寻找产业发展的新的推动要素,形成新的可持续的发展模式。

虽然中国获得了"世界制造中心"的美名,但是由于长期处于整个产业价值链的低端,不重视技术创新和产品升级,中国企业所获得的利润微薄,话语权弱小,扮演的只不过是国外产业领导者的"打工仔",在别人制定的游戏规则中生存和发展,只能"长骨不长肉";依靠廉价劳动力带来的成本优势加工劳动密集型的产品,无法形成自己产业的核心竞争优势。国外发达国家产业通过在全球组织产业链来降低成本,依靠对技术的垄断,加强对市场的控制。如果不改变这种发展状态,将十分不利于中国经济的长期发展。近两年来,由于劳动力成本的上升和汇率变动等因素的影响,中国的成本优势也在逐渐丧失,更多的加工生产转向印度和土耳其等国家,中国的企业也面临日益增多的反倾销、知识产权、环境壁垒和技术壁垒等重重制约。这些都要求我们必须改变产业发展模式,寻找和培育新的推动产业发展要素,形成并提高产业的核心竞争力,缩小与发达国家的差距。

汽车产业是国民经济中非常重要的支柱产业,它在很大程度上反映了一个国家的整体技术实力和综合制造实力。而汽车零部件产业是汽车整车产业的上游产业,零部件是整车的组成部分,如果没有强大的汽车零部件产业作为基础,整车产业的发展壮大是不可能的。中国的汽车零部件产业经过了五十年的发展,已经初具规模。由于中国地大人多,汽车市场广阔,汽车的保有量已经跃居世界第一,并还有很大的增长潜力,这使得中国汽车零部件产业具有广阔的市场空间优势。但是,中国汽车零部件产业的发展存在技术创新不足、产品缺乏竞争力、市场运作经验缺乏、政策扶持力度不够等原因造成的产业核心竞争力不足;一直以来的"拿市场换技术"的想法没有奏效,技术上和发达国家差距加大,而且国内市场也被国外的产品占领,汽车零部件产业发展出现了瓶颈。目前,我们需要认真分析中国汽车零部件产业的发展特点和发展模式,突破和改变原来的发展模式,真正做大做强中国的汽车产业。

在国际上,20世纪末以来,世界汽车产业的寡头垄断在兼并重组的浪潮中进一步形成,全球汽车产能过剩,加上发达国家市场日趋饱和,使得竞争形势加剧,成本压力加大——这在后来的发展趋势中可以看出来,而这也加速了发达国家汽车产业链在全球的延伸。世界主要汽车企业为了实现资源优化配置,打破了地域界限,在全球范围内采用模块化供货方式和平台战略进行零部件采购。他们在产业价值链中控制了最具有竞争优势的核心业务和生产经营环节,转移到发展中国家的都是产业链中不具竞争优势或附加值低的加工装配环节。当前,汽车产业链重组和资源优化配置由跨国公司主导着在全球范围内进行。在此背景下,分析中国汽车零部件产业发展模式,抓住国内和国外的有利条件,提出发展模式优化的政策建议,在当前的发展形势下具有非常重要的实际意义。

1.1.2 研究目的

本研究的目的是构建一般产业发展模式的分析框架,这一框架的基础是有关产业发展模式的相关理论。完整的产业发展问题应该包括两个方面:一是对产业发展过程的总体刻画;二是探究其背后产业发展的动力机制。所以本书首先分析产业结构发展和单个产业发展的一般规律和趋势,然后剖析推动产业发展的动力系统,在此基础上提出产业发展模式的一般概念、分类和优化途径,并构建了评价产业发展模式绩效的指标体系。

在实践层面,基于以上的产业发展模式分析框架,来具体分析中国汽车零部件这一产业的发展模式。首先,对产业的发展特征、发展规律和发展趋势和产业组织进行了分析,接着寻找并分析中国汽车零部件产业的发展动力机制,然后提出中国汽车零部件产业发展模式的类型,并运用在理论部分构建的发展模式绩效评价指标体系,对中国汽车零部件产业发展模式进行评价,提出发展模式优化的政策建议。

本研究试图用动态的、全面和系统的观点来研究中国产业发展模式。我们所构建的产业发展模式的研究框架,不仅适用于汽车零部件产业,也适用于其他一般产业。了解产业发展规律和表现形式,剖析促进产业发展的各种推动因素,并结合自身的优势制定产业发展策略,抓住发展机遇,引导和选择合适的产业发展模式,才能最终可促进经济的可持续发展。

1.2 研究现状

1.2.1 关于产业发展模式的理论研究现状

在西方的文献中,产业发展(industry development)经常与产业演化(industry evolution)、产业动态(industry dynamic)共同使用,而且使用的频率低于产业演化。产业发展的正式定义在西方文献中很少见到,也没有明确的定义,一般泛指产业发展变化的历史过程。国内对产业发展的研究并不是很多。苏东水[1]认为,产业发展与经济发展相类似,是一个从低级到高级不断演进、具有内在逻辑、不以人们意志为转移的客观历史过程。他认为,产业发展是指产业的产生、成长和过程,既包括单个产业的进化过程,又包括产业总体,即整个国民经济的进化过程。这里的进化过程,其实质就是一个结构变化的过程。他认为,产业发展是经济发展的前提和基础,同时又包含于经济发展之内。厉无畏和王振[2]则认为产业发展包含产业的集群化、融合化以及生态化等一系列变化,这些变化在创造各种新的消费方式的同时,也推动着产业本身的创新和变革,表现为产业结构、产业技术、产业组织这三个方面的革新。产业效率、科技创新、产业竞争、产业政策正是产业创新与变革的推动力。胡建绩[3]总结了产业发展应该具备的几个要点,并在此基础上把产业发展定义为:以价值发展为实质,以主导产业群为载体,以经济长波为形式的产业的内生提高过程。

国内对产业发展模式的研究一般是在某个具体产业的框架下进行。娄勤俭[4]对产业发展模式的定义和产业发展模式概念的相关内涵做出了总结:"产业发展模式就是在既定的外部发展条件和市场定位的基础上,通过产业内部和外部一系列结构所反映出来的一种资源利用方式。"娄勤俭还对产业发展模式选择的理论基础进行了总结,即比较优势理论、产业分工理论、企业集群理论和产业生命周期理论。他还针对电子信息产业列举了主要发展模式、影响其发展演变的主要因素及其发展模式优化的动力。虞月君[5]对于产业发展模式的概念基本采用了娄勤俭的观点,以信用卡产业为例对影响其发展的主要因素及其发展模式优化的动力做了分析,并根据资源配置主体和收单品牌建设方式的不同将这一产业发展模式分为政府主导、市场主导等六类。张占斌[6]对汽车产业发展模式的各种分类方式进行了总结,共总结出前人对汽车产业发展模式所作的八种分类方式,如自主型、开放型、进口主导型、产业依附型和产业主导型等。他通过对中国汽车产业的长期发展战略目标、全球化发展的要求、所具有的比较优势和后发优势、积累的经验教训和比较优势、将创造的综合绩效等几个方面的分析,得出中国汽车产业的发展应遵循"比较优势的大国开放竞争模式"的结论。黄强[7]从产业组织力量的研究角度对产业发展模式做了简单定义:"产业发展模式是一个产业的基本供给和需求等条件、市场结构、企业行为、绩效、政府政策之间相互影响的结果。"他提出了组建中国的民机企业使其成为真正的市场主体的建议,提议以民机企业领头的方式参与激烈的国际竞争,用市场经济的手段体现国家的意志,建立相应的自主创新体系,使得民机产业的长期发展具有源源不断的动力。这是他总结了国内外民机产业发展历程后给出的中国民机产业的发展模式选择之路。

我国一些著名学者如林毅夫、江小涓等和一些研究机构如长城战略咨询公司等,在研究中也多次涉及产业发展模式的问题,但是并没有对其进行深入研究,而是采用了"拿来主义"的做法,将产业发展模式作为约定俗成的用语,不加以明确界定,而是针对他们所研究的具体产业,就事论事地探讨特定产业的发展模式。

1.2.2　关于中国汽车零部件产业发展的研究现状

国内外对汽车整车产业的分析比较多,但是对汽车零部件产业的分析比较少。主要从以下几个方面研究:

1. 从产业竞争力的角度来研究

于焱[8]按照经济学和管理学基础提出竞争力来源的分析框架,分析了如何在竞争实力、竞争潜力、竞争环境三个因素上促进产业竞争力的提高,构建汽车零部件产业竞争力指标体系和评价模型,得出的结论是:较低的技术水平是制约汽车零部件产业发展的根本因素;跨国汽车零部件公司进入我国汽车零部件产业后,加快了我国汽车零部件产业的技术进步和产业结构升级的步伐,提高了中国零部件产业的国际竞争力。他还对上海、浙江、江苏、湖北、吉林五省市的汽车零部件产业综合竞争力进行了比较分析和排名。罗元青[9]分析了产业组织结构与产业竞争力的相关性以及影响产业能力的环境因素,提出了针对性地改善产业组织结构、提升产业竞争力的对策。他认为,产业组织合理化的关键在于对产业组织基本形态(市场结构)及其形式(企业间组织形态)的选择,目的在于使产业组织状态达到竞争效益和规模效益的均衡;这种均衡状态要求进行制度配套改革,调整产业组织政策,形成"有效竞争"的产业组织结构,以提高我国产业自组织能力,创新产业组织形式,并通过产业集群等中间产业组织形式,提升我国产业竞争力。王茹[10]从竞争环境、竞争力资产和竞争力过程三个方面分析了我国汽车零部件的产业竞争力。她认为,从竞争环境上看,我国汽车零部件具有较强的竞争潜力;从竞争资产上看,汽车零部件产业的产业集中度在上升,但是产业的盈利能力并没有明显上升,国内汽车零部件产业要想提高自身的竞争优势,必须处理好与外商投资企业的竞争合作关系;从竞争过程看,由于产业链的价值传递影响,汽车零部件产业在竞争实现过程中受到上游原材料产业和下游汽车产业的双重压力,它必须在产业价值链的价值传递过程中形成自身的竞争力。李鸣[11]从核心竞争力、基础竞争力、市场竞争力三个方面进行评价,认为我国汽车零部件产业目前处于相对较低水平,产业效率低,需要政府转变职能,制定合适的政策,为产业发展创造良好的外部环境。丁方方和陈艺宏[12]提出产业国际竞争力研究的对象和理论框架,选取贸易竞争指数、国际市场占有率、进出口价格比等研究指标,来衡量我国汽车零部件产品的国际竞争力,分析我国提高汽车零部件产业竞争力过程中遇到的问题。本书认为,我国汽车零部件产业国际竞争力较弱,与世界先进水平差距较大。

2.从产业组织角度研究

干清明[13]从产业组织的角度分析了我国汽车零部件产业,提出像我国这样工业化起步较晚的发展中国家,有可能经过国家产业政策的扶持,将汽车产业发展为优势产业,赶超发达国家,并且提出要实施战略性贸易政策。简怡[14]利用年鉴数据对中国汽车零部件产业集中度和利润率做了分析,结果表明产业集中度与利润率正相关。时间[15]用产业组织的理论对中国汽车零部件产业的规模经济性、产品差异化、进入与退出壁垒、生产集中度进行了界定,并运用数据包络分析对中国汽车零部件产业的规模经济效益进行了定量评估,结果表明我国汽车零部件产业规模经济效益虽有逐年转好的趋势,但总体规模经济效益仍然很差。赵斌[16]也用产业组织理论分析了我国汽车零部件产业发展现状。本书认为,应该采用合作基础上的配套模式,并且采取并购战略,对中国汽车零部件产业进行整合。

3.其他方面研究

沈玉良等[17]采用 Grulel 和 Ramkishen 产业内贸易指数考察了中美汽车零部件产业内贸易发展程度,从中选取了市场结构、产品多样化、中美汽车贸易总额和中美汽车工业总产值四个因素,并建立多元回归模型来分析各种因素对中美汽车零部件产业内贸易的影响。分析结果表明,这四个因素对中美汽车零部件产业内贸易均起着正向促进作用,其中以产品多样化程度最为显著,市场结构次之,说明了中美两国汽车产业的技术发展是两国汽车零部件产业内贸易的主要影响因素。杜子学和严傲[18]分析了我国汽车零部件出口的现状和问题,提出了提高出口产品竞争力和研究开发能力、增强国外分销渠道的竞争力、建立完善国外市场的售后服务体系、及时供货等建议。司康[19]认为中国汽车零部件产业取得了很大成就,但是仍然面临着原材料价格和劳动成本持续上升、外资的并购、研发自主权的丧失及市场被加速垄断等困境与挑战。巩滨[20]从历史的角度对美国汽车零部件产业的发展做出分析与评价,并着重讨论汽车整车厂与零部件厂配套协作关系的转变与改革。蔡丹[21]研究了汽车零部件行业供应链管理的研究现状,分析了我国汽车零部件行业供应链形式,讨论了基于 VMI 的汽车零部件集成供应链运作模式。张燕友[22]从分析供应商的高集中度与专业化问题入手,研究了供应商的新价值结构,同时阐释了信息技术对供应商作用及其结构变化的问题,分析了汽车零部件供应商全球化问题。李志[23]基于供应链管理的理论,从汽车零部件产业整体供应链优化角度出发,对汽车零部件产业如何更好地优化供应链管理及优化库存做了初步研究,并强调了库存管理的重要性。王留兵[24]分析了我国汽车零部件企业分销渠道冲突的问题。王睿[25]认为中国汽车零部件出口拥有劳动力等优势,但在生产规模、产品质量、生产技术等方面仍与发达国家有着相当大的差距,而且还要面对国外反倾销、非贸易壁垒的挑战,这些构成了中国汽车零部件未来出口的挑战。但是用波特的"钻石系"理论分析,中国汽车零部件出口仍具有很大的潜力。应该在加强对国外经验学习的基础上,依靠政府的支持,加强企业自身发展的力度。郭伟奇[26]提出从建立汽车零部件行业跨国战略联盟的思路来发展我国的汽车零部件行业。李明[27]对汽车零部件企业自主品牌建设做了研究。王燕[28]对我国汽车零部件市场竞争环境做了分析。来有为[29]分析了近年来汽车零部件产业全球化进程加快的趋势,主要表现在六个方面:汽车零部件企业走向独立化、规模化发展道路;系统化开发、模块化制造、集成化供货;国际产业转移层次越来越高;并购和重组更加活跃;集群化发展特征明显;汽车零部件新技术发展迅猛。肖建清等[30]分析了浅层次嵌入全球生产网络的我国汽车零部件区域生产网络,提出我国汽车零部件企业要正确制定进入网络战略,提高自主创新能力,实施主动跟随战略。刘恩华等[31]通过比较研究国内外汽车零部件产业集群发展模式,探讨了我国汽车零部件产业集群发展的规律。

1.2.3 对研究现状的简评

已有的产业发展模式理论研究在对中国特定产业的发展模式的分析上取得了丰富的成果,为本书的研究铺垫了基础,但在产业发展模式的界定和研究框架上没有取得一致,研究范式也不尽相同,在不同的领域的研究结论有各自的针对性。比如在对产业发展模式的定义和产业发展模式的分类上,缺乏统一标准。学者们都是根据他们自己所研究的特定产业提出产业发展模式概念,不同产业有着不同的发展特点。

本书试图突破从某一个方面来考察中国汽车零部件产业的发展,将这一产业发展的外在表现和内在动力在产业发展模式的理论框架中做全面系统的分析,指出现阶段中国汽车零部件产业发展模式的类型,并对其进行绩效评价和提出优化对策。这样对中国汽车零部件产业发展的描述有清晰的轮廓,系统地分析推动中国汽车零部件产业其背后的动力。

1.3 研究对象及相关概念的界定

1.3.1 产业、发展、模式定义

1.产业的定义

马克思所定义的产业,指的是资本主义商品经济条件下的物质生产部门,包括所有按资本主义方式经营的生产部门[32]。《新帕尔格雷夫经济学大辞典》中给产业下的定义是"生产同类或有密切替代关系的产品、服务的企业集合",这也是现代产业经济学采用的定义,即"处于宏观经济与微观经济之间,生产同类或有密切替代关系产品、服务的企业集合"。这样划分的依据是,只有生产同一或具有密切替代关系的产品或服务的企业群,彼此才会发生竞争关系,以这类企业集合——产业为对象,才有可能进行同一产业的竞争和垄断分析。

由于产业是一个经济整体的组成部分,是一个历史的范畴,有产生和消亡的过程,所以我们要把产业放在经济系统整体中研究,而且要动态地研究。

2.发展定义

《辞海》中给"发展"下的定义是"事物由小到大、由简到繁、由低级到高级、由旧质到新质的变化过程"。这个定义包含了三个方面的含义:第一,发展涉及时间,是一个时间概念;第二,发展不仅仅是一个量的概念,更重要的还是一个质的概念,即事物的发展并不完全是量上的积累,还是质上的跨越;第三,发

展还是一个有方向的过程,它指事物的上升过程。

3.模式定义

"模式"表现的是形式上的规律,而不能代表实质,它所涉及的范围非常广;它不仅标示图像、图案之类事物之间隐藏的规律关系,也可以标示数字、抽象的关系,甚至可以是思维的方式。百度百科对模式的定义则是:模式是指前人积累的经验的抽象和升华。简而言之,模式是从一再重复出现的事物中总结出来的规律、解决问题的经验,只要是重复出现的,就可能存在模式,而出现的规律,就可以定义为模式。

4.产业发展定义

产业发展目前还没有明确的定义,在以往的研究中,研究者经常将之与产业演进、产业动态等共同使用,泛指产业变化的历史过程。胡建绩[3]将产业发展定义为一个内生提高的过程,一个以价值发展为实质、以主导产业群为载体、以经济长波为形式的历史过程。

产业发展与产业结构发展不是同一个概念。权且把既包含单个产业发展又包含产业结构发展的产业发展称为广义的产业发展,因为有一部分研究把"产业结构"既看作是某个产业内部企业间的关系结构,也看作是各个产业之间的关系结构。但是,国内著名学者苏东水的观点是,产业结构一词应该专指后者。本书也是采用这个观点。实际上,产业内的结构是产业组织理论的研究内容,即企业之间关系的研究。本文研究的产业发展模式是指单个产业的发展模式。

5.产业发展模式定义

脱离某个具体产业的特点,一般地,产业发展模式应该是回答"一个产业是怎样发展起来的,其发展过程呈现出什么样的特点"这两个问题,即产业发展的主要驱动因素及其发展规律。比如,劳动力是劳动密集型产业发展的主要驱动因素,而技术密集型的产业发展模式中,技术是该产业发展的主要驱动力。这些分类都从本质上指出了产业发展的主要驱动力。而经常出现的产业的集群发展、融合发展和发展的周期性,则是产业在发展过程中表现出来的规律特点。所以,本研究给产业发展模式所下的定义是:随着国家产业结构整体的发展,一个产业在其主要发展驱动力的作用下所表现出来的发展特点和规律。

1.3.2　汽车零部件产业界定

根据中国国家统计局制定的《国民经济行业分类与代码》，汽车零部件及配件制造业是指机动车辆及其车身的各种零配件的制造；经 2003 年国家统计局行业分类调整后，其国民经济行业类别代码为：C3725。主要包括：①汽车部件：离合器总成、变速器总成、传动轴总成、分动器总成、前桥总成、后桥总成、中桥总成、差速器总成、主减速器总成、前后悬挂弹簧总成等；②汽车零件：缓冲器(保险杠)、制动器、变速箱、车轴、车轮、减震器、散热器(水箱)、消声器、排气管、离合器、方向盘、转向柱及转向器等。

从汽车产品的角度来说，凡是构成了汽车整车的系统组件(systems modules)、系统(systems)、总成(unit component)的部件、零件以及其他相关件都称为汽车零部件。也有把总成、系统和系统组件统称为系统的，就是指具有特定功能的、能够独立安装和使用的组合件，比如座椅系统、汽车内部系统等。而汽车零部件则是对应整车而言的。所有的汽车零部件一般经过冲压、焊接、油漆、整车装配四大工艺过程后即形成汽车整车。所以从工艺流程的角度来说，整车的生产过程就是汽车零部件生产过程，再加上汽车零部件经过四大工艺成为汽车整车的过程。

所有生产和销售汽车零部件的企业集合就构成了汽车零部件产业。

1.4　本书主要内容

产业发展模式问题在如今的许多理论研究中都被提到，是当前热点理论研究频繁涉及的一个问题，但也存在大多数研究者都对产业发展模式不加定义地使用的现象；有少数研究者对其进行了初步分析，但也存在分歧，每位研究者都是根据自己研究的产业角度，进而推导出自己的研究结论。在缺乏一致认同的科学的基本概念下的讨论和研究结论带有一定的片面性。因此，对于产业理论发展来说，产业发展模式的规范研究是其不可或缺的重要基础。

本书从以下几个方面对产业发展模式展开研究。

(1)产业发展模式研究的一般框架。本书认为，产业发展模式是在研究产业发展的基础上，总结出其模式的。而产业发展应该包含两个方面：首先是对产业发展过程的总体刻画，然后是研究其背后的作用机制和动力。通过对产业发展的这两个方面的探究，可得出其发展模式，即在发展动力作用下的产发展规律和特点。所以本书产业发展模式的研究框架包括三个方面:第一,产业发展规律研究;第二,产业发展作用机制和动力研究;第三,产业发展模式的类别、绩效评价、模式优化研究。

(2)产业发展模式相关理论研究。关于产业发展模式的理论背景有不同的说法,我们结合前人的观点以及本书确立的分析框架,认为产业组织理论、产业集群理论和产业生命周期理论都是产业发展模式的基础理论。

(3)产业发展规律研究。本书归纳和总结了单个产业的发展规律。单个产业发展的规律和趋势包括:在时间上的阶段性规律,体现为产业的生命周期;在空间上的集合性规律,体现为产业集群发展。

(4)产业发展动力研究。包括研究产业发展的作用机制和动力因素。产业发展的作用机制包括利益驱动机制、供求机制和差异机制等内部机制,以及竞争机制、外部推动机制、决策与协调机制等外部作用机制;而产业发展的动力因素包括需求、技术创新、自然资源、劳动力、投资、制度等因素。

(5)产业发展模式的类型、优化和评价体系研究。本书提出基于产业发展的驱动力,对产业发展模式进行分类和优化,并针对产业处于生命周期的不同阶段,构建了产业发展模式绩效评价的指标体系。

本书在这个产业发展模式的研究框架下对中国汽车零部件产业的发展模式进行了研究。首先,对中国汽车零部件产业的发展规律和发展趋势进行了分析。这些分析包括该产业发展特征、组织和技术发展趋势分析。我们运用特征变量法对中国汽车零部件产业所处的生命周期阶段进行了判断,并对中国汽车零部件产业集群进行分析。本书还对中国汽车零部件产业组织进行了分析。

本书对中国汽车零部件产业的发展动力也进行了分析。发展动力主要有市场动力、技术创新动力、劳动力和资金动力。其中市场动力包括配套市场、出口市场和售后市场;劳动力包括一般劳动力、专业人力资本和企业家人力资本;资金动力包括国有资本、外资和民营资本。通过分析这些动力因素对中国汽车零部件产业发展的推动作用,我们找出了现阶段该产业发展的主要动因。

最后,我们根据主要动因确定汽车零部件产业的发展模式,并根据对中国汽车零部件产业的生命周期所处阶段的判断进行发展模式绩效分析(因为产业处于不同生命阶段,在理论部分构建的绩效评价指标体系不同),还根据绩效分析和动力因素分析中的制约因素提出中国汽车零部件产业发展模式优化的政策建议。

参考文献

[1] 苏东水.产业经济学[M].北京:高等教育出版社,2000:474.

[2] 厉无畏,王振.中国产业发展前沿问题[M].上海:上海人民出版社,2003:3.

[3] 胡建绩.产业发展学[M].上海:上海财经大学出版社,2008:4.

[4] 娄勤俭.中国电子信息产业发展模式研究[M].北京:中国经济出版社,2003:80-85.

[5] 虞月君.中国信用卡产业发展模式研究[M].北京:中国金融出版社,2004.

[6] 张占斌.比较优势——中国汽车产业的政策、模式、战略[M].北京:清华大学出版社,2004:81-100.

[7] 黄强.中国民机产业崛起之探索[M].北京:航空工业出版社,2007:304.

[8] 于焱.中国汽车零部件产业竞争力研究[D].博士学位论文,吉林大学,2008.

[9] 罗元青.产业组织结构与产业竞争力研究——基于汽车产业的实证分析[D].博士学位论文,西南财经大学,2006.

[10] 王茹.汽车零部件产业竞争力分析[D].硕士学位论文,上海社会科学院,2007.

[11] 李鸣.我国汽车零部件产业竞争力研究[D].硕士学位论文,上海社会科学院,2007.

[12] 丁方方,陈艺宏.中国汽车零部件产业国际竞争力研究[J].经济论坛,2010(12):76-78.

[13] 干清明.我国汽车零部件产业发展研究[D].硕士学位论文,湖南大学,2006.

[14] 简怡.中国汽车零部件产业集中度研究[D].硕士学位论文,重庆大学,2004.

[15] 时间.中国汽车零部件产业组织问题研究[D].硕士学位论文,天津大学,2006.

[16] 赵斌.中国汽车零部件产业组织研究[D].博士学位论文,复旦大

学,2003.

[17] 沈玉良,孙楚仁,方黎三.中美汽车零部件产业内贸易的发展程度及其影响因素[J].世界经济研究,2007(5):57-63.

[18] 杜子学,严傲.中国汽车零部件出口现状分析[J].汽车工业研究,2009(3):21-24.

[19] 司康.中国汽车零部件产业现状分析[J].汽车工业研究,2009(11):6-11.

[20] 巩滨.美国汽车零部件工业的现状与展望[J].中国机械工程,1997,8(1):2-5.

[21] 蔡丹.汽车零部件集成供应链构建与绩效评价[D].硕士学位论文,武汉理工大学,2006.

[22] 张燕友.汽车零部件供应商的新价值结构及其变化分析[J].北京工业大学学报,2008,8(2):32-46.

[23] 李志.我国汽车零部件供应链管理的优化研究[D].硕士学位论文,武汉理工大学,2006.

[24] 王留兵.我国汽车零部件企业分销渠道冲突问题研究[D].硕士学位论文,东北财经大学,2007.

[25] 王睿.我国汽车零部件出口现状分析及发展对策[D].硕士学位论文,吉林大学,2006.

[26] 郭伟奇.我国汽车零部件业跨国联盟的发展及对策研究[D].硕士学位论文,武汉理工大学,2006.

[27] 李明.中国汽车零部件自主品牌建设研究[D].硕士学位论文,吉林大学,2006.

[28] 王燕.中国汽车零部件市场竞争环境分析[J].上海交通大学学报,2007(S1):18-20.

[29] 来有为.世界汽车零部件产业的发展趋势[J].发展研究,2009(8):65-67.

[30] 肖建清,刘德学,高南南.全球生产网络与中国汽车零部件产业发展[J].特区经济,2008(11):105-107.

[31] 刘恩华,于洪涛,金正青.国内外汽车零部件产业集群发展的差异化研究[J].汽车工业研究,2010(11):45-48.

[32] 马克思.资本论:第 2 卷[M].北京:人民出版社,1975:63.

第2章 产业发展模式研究的理论基础综述

2.1 产业组织理论

《新帕尔雷格夫经济大辞典》中,产业组织(industrial organization)被定义为与市场联系着的不易以标准教科书上的竞争模型来分析的经济学领域。产业组织理论研究的是厂商和市场及其相互关系的学科,其研究理论基础是微观经济理论。产业组织就是生产同类可替代产品的生产者即厂商之间的相互结构关系,而这些厂商在同一市场上的集合就是产业。综上所述,产业组织理论是基于微观经济学的应用经济理论,具体分析研究了产业内厂商相互间的关系,它的研究目的是为了优化资源配置,即在生产要素投入既定前提下,既要鼓励形成市场竞争,又要充分利用规模经济,或者说既要使厂商有足够的改善经营管理、推动技术进步、提高企业效益的动力和压力,又要避免过度竞争带来的低效率。

英国经济学家马歇尔的"生产要素理论"是产业组织理论的萌芽,他在《经济学原理》一书中首次提出产业组织这个概念。马歇尔在萨伊的劳动、资本和土地"生产三要素"学说基础上对生产要素进行研究,首次提出了"组织"这一要素,并把它称为第四生产要素。这个概念包括了多层次多形态的内容,并具有宽泛、不确定的外延界定,主要内容有企业内的、产业内企业间的以及产业间的组织形态和国家组织等。真正意义上的产业组织理论是由梅森和贝恩将产业内企业间的关系结构从马歇尔的"组织"概念中分离出来而形成的。

2.1.1 哈佛学派产业组织理论

正统产业组织理论被认为是指哈佛学派产业组织理论,它形成于20世纪30年代至50年代,是西方最早形成的系统的产业组织理论。美国经济学家张伯伦(E. H. Chamberlin)的《垄断竞争力理论》和英国经济学家琼·罗宾逊(J. Robinson)的《不完全竞争经济学》对垄断竞争的研究[1],以及和他们同时期的哈佛大学教授爱德华·梅森(E. S. Mason)的一篇讨论稿《大企业的价格和生产政策》,形成了哈佛学派产业组织研究模型的理论渊源。梅森的学生贝恩(J. S. Bain)、克拉克(J. M. Clark)和凯森(C. Kaysen)等人对这一理论的建立和发展做出了重要贡献。

哈佛学派认为市场竞争与实现规模经济是存在矛盾的,这种想法受影响于克拉克有效竞争理论。有效竞争的实现需要通过政府的公共政策,也就是说,需要在政府的政策调控下才能形成既有利于维护竞争又有利于发挥规模经济作用的竞争格局。但反垄断政策的实施需要有一个清楚的关于企业行为和绩效的判断标准,这可以从1890年开始的美国反垄断实践的经验中看出。在贝恩等人看来,寡占的市场结构会产生寡占的市场行为,进而导致不良的市场绩效,特别是资源配置的非效率。因此有效的产业组织政策首先应着眼于形成和维护有效竞争的市场结构,并对经济中的垄断和寡占采取管制政策。

哈佛学派的产业组织理论具有五个特征:第一,研究对象是产业内企业之间的竞争与垄断关系;第二,市场结构是这一理论的研究重心,因此哈佛学派又被称为结构主义学派;第三,对产业组织合理化的评价特别强调完全竞争标准和平均利润率;第四,积极主张政府采取直接作用于市场结构的公共政策,如企业分割、禁止兼并等;第五,在研究方法上偏重于实证研究。

2.1.2 芝加哥学派的产业组织理论

哈佛学派产业组织理论从20世纪50年代形成后,长期被人们接受,对二战后的西方国家,尤其是美国的反垄断政策的开展和强化产生了重大影响。但是,在20世纪70年代以后,美国许多传统优势产业的国际竞争力不断下降,所以实施世界上最严厉的反垄断政策被认作是导致这一结果的重要原因,其理论观点和政策主张越来越受到质疑。在这种情况下,一些经济学家开始在不放弃SCP分析框架的前提下,对正统产业组织理论进行了修正和补充。尽管如此,从20世纪80年代起,哈佛学派产业组织理论的主导地位开始丧失,取代它的是芝加哥学派、新奥地利学派和新制度学派的产业组织理论。这些学派的产业组织理论是在对哈佛学派的批判中逐渐崛起的,由于它们都非常重视对企业行为的直接分析,因而被称为行为主义学派。

以芝加哥大学教授施蒂格勒(V. Stigler)、德姆塞茨(H. Demsetz)、布罗曾(Y. Brozem)和波斯纳(R. Prosener)等为代表的芝加哥学派的学者们,在对美国反垄断政策的分析和与哈佛学派的论战中,提出独自的竞争理论的思想和公共政策主张,逐步形成了芝加哥学派的产业组织理论。芝加哥学派研究产业组织的突出特点,是不以经验实证为主,而是强调理论分析,认为产业组织理论是价格理论的逻辑扩展,重视根据逻辑和理论来应用价格理论。芝加哥学派在理论分析的基础上更加信守新古典主义,指出标准的竞争理论自然是有效的,"完全竞争"模型对产业组织问题仍然具有足够的解释能力。芝加哥学派继承了奈特以来芝加哥大学传统的经济自由主义思想和社会达尔文主义,相信自由市场经济中竞争机制的作用,相信市场力量的自我调节能力,认为市场竞争过程就是市场力量自由发挥作用的过程,是适者生存、劣者淘汰,即"生存检验"的过程。

哈佛学派提出的"集中度—利润率"假说是芝加哥学派批判的焦点。他们认为,在高集中度的市场结构中存在高额利润是因为大企业的高效率,而非哈佛学派所说的来自垄断势力。高集中度产业中的高利润率与其说是资源配置的非效率指标,还不如说是生产效率的结果。芝加哥学派与哈佛学派的分歧不在于是否承认垄断现象的存在,而是它认为即使没有政府的干预,垄断现象也是不会长久的。芝加哥学派提出了一系列与哈佛学派不同的观点。第一,关于进入壁垒的看法不同。施蒂格勒的定义是,进入壁垒就是指在每一产量或部分产量中,必须由寻求进入的厂商承受,而已有厂商却不必承担的生产成本。施蒂格勒认为,进入壁垒的存在实质上就是已有和新进入厂商之间存在需求和成本的不对称性。当施蒂格勒将进入壁垒定义为新企业比老企业多承担的成本时,那么许多被哈佛学派当作进入壁垒的传统因素,如规模经济、特殊资源、产品差异都不构成进入壁垒,而是先进入者的在位优势,被看作是实现经济效率的手段。这样,在芝加哥学派看来,除了政府的进入规制以外,真正的进入壁垒在实际中几乎不存在,因此市场中的现存企业都面临着潜在进入者的竞争压力。施蒂格勒特别强调政府管制(进入管制)这一人为壁垒,他提出了一系列政府管制政策和产业政策建议。第二,芝加哥学派特别强调集中及定价是否提高了效率,而不是像结构主义者那样注重的是否损害了竞争。波斯纳等人认为,反垄断政策的目的在于促进经济效率,实现消费者利益的最大化。反托拉斯法应该是保护竞争,而不是单纯保护竞争者。即使市场是垄断的或是高集中寡占的,只要市场绩效是良好的,政府规制就没有必要。他们主张国家应该尽量减少对市场竞争过程的干预,把它仅限制在为市场竞争过程确立制度框架的条件上,认为市场均衡是不能通过人为的政策干预加以实现的;尽管绝对的市场均衡在现实中难以实现,但是不受人为干预的竞争过程会始终推动市场趋向这种均衡。第三,芝加哥学派认为,在市场结构、市场行为和市场绩效的相互关系中,市场绩效起决定性的作用。不同的企业效率形成不同的市场结构。他们对哈佛学派的 SCP 分析框架进行了猛烈的抨击[2,3]。第四,施蒂格勒、德姆塞茨和佩尔兹曼等人对政府管制产业进行了分析,通过对政府管制实际效果的实证分析,他们指出政府管制在很多产业中并未收到预期效果,反而产生了显著的不良影响,进而对政府介入的正当性提出了质疑。他们还从政府管制制度的政治背景入手,运用价格理论对政治市场的交易和问题进行了剖析。

近 30 年来,新制度经济学中的现代企业理论得到迅速发展。该理论对企业存在的原因和企业的本质,以及企业内部最优的企业所有权安排等微观组织问题都作了深入的探讨,已经成为当今从企业内部进行产业组织分析的核心理论。

现代企业理论包括交易费用理论和代理理论,其中交易费用理论着重研究企业与市场的替代关系,即"纵向一体化"问题;代理理论重点在于分析企业内部组织及企业成员之间的代理关系,即"横向一体化"问题。

2.2　产业集群理论

1. 产业集群(industrial cluster)的内涵

最早观察到产业集群现象的是经济学家马歇尔。他当时是这样描述工业区的:"当一种工业已经这样选择了自己的地方时,它是会长久设在那里的。因此,从事需要同样技能的行业的人,互相从邻近的地方所得到的利益是很大的。行业的秘密不再成为秘密,而似乎是公开的了。孩子们不知不觉地也学到许多秘密。优良的工作受到正确的赏识,机械上以及制造方法和企业的一般组织上的发明和改良之成绩,得到迅速的研究。如果一个人有了一种新思想,就为别人所采纳,并与别人的意见结合起来,因此,它就成为更新思想之源泉。不久,辅助的行业就在附近的地方产生了,供给上述工业以及工具和原料,为它组织运输,而在许多方面有助于它的原料的经济。"[4]

在这以后,大家开始关注和研究产业集群,并且很多经济学家和学者都从不同的角度对产业集群下了定义。贝卡特尼在《地区优势》一书中将产业区定义为"社会边界所限定的集团",其特征是"社区的人们和企业的员工均积极参与到某个自然及历史形成的地域之中"。哈佛大学波特教授首次运用产业集群概念来表示产业的地理集中现象。波特对产业集群的定义是一组在地理上靠近的相互联系的公司和关联机构,它们处于同一产业或者相关的特定产业领域,由于具有共性和互补性而联系在一起。波特教授认为产业集群有不同的形式,要视其纵深程度和复杂性而定。但是,绝大多数产业集群包含最终产品或服务厂商,专业化元件、零部件、机器设备和服务供应商,金融机构以及相关产业中的厂商。产业集群还包含下游产业的成员,比如销售渠道和顾客,互补性产品制造商,政府及其他提供专业化培训教育、信息、研究和技术支援的机构如大学、智库、职业培训机构。对产业集群有重大影响力的政府机关,也可视为它的一部分。产业集群还应包括同业工会以及其他支持产业集群成员的民间团体。尽管波特的产业集群的概念影响巨大,但是由于过于模糊和宽泛而遭到来自各方的批评。对这一定义的批评焦点主要在于,无论是从产业还是从地理意义上来说都没有对集群边界进行清晰的界定。波特试图用一般模式去涵盖在起源、结构、组织动力和发展轨迹等方面都大不相同的各类集群[5]。波特的产业集群概念的地理范围从一个地区、州、城市跨越到邻国之间。而集群的产业范围不仅包括一个单一产业,而且还包括了相关产业以及与竞争有关的其他实体,所以很难用标准的产业分类方法进行界定。

20世纪90年代,OEDC成立了专门的集群政策研究小组FocusGruop,他们认为集群就是由强烈地相互依赖的企业通过一条增值的生产链联结而成的生产网络。OEDC的专家们把经济集群等同于小范围的创新系统。Crouch & Farrell[6]对产业集群下的定义是"集群概念暗示着一种更松散的含义:相似生意类型中的企业毗邻而居的一种倾向,尽管在地区内并无特别重要的表现"。Rosenfield[7]则认为集群被简单地用于表示能够产生协同效应企业的集中,之所以产生协同效应是因为它们的地理邻近以及相互依赖,即使这些企业的雇佣规模可能并不突出和显著。Fester[8]认为经济集群与其说仅仅是一些相关和支援产业与机构,不如说是由于它们之间的关系而更具竞争性的相关与支援机构。Baptista & Swann[9]对产业集群的定义是"以同一地理区域为基础的同一产业中的企业群体,产业集群意味着特定地点上相关产业中大量的企业群体"。Martin & Sunley[10]认为集群与这种网络的本地和区域维度最紧密相关,大多数定义都将集群等同于通过商品、服务以及(或者)知识的交易把生产过程紧密联结在一起的地方专业化组织网络。

企业高度专业化,使各企业能专注于核心活动,而让临近的企业做辅助性工作。在相对很窄的领域内形成的高水平专业化企业群,可增加发掘新的低成本方案的机会,易于成为研发机构和供应商所需求的客户和伙伴,同时也易于带来渐进性的创新。相关经验和能力积累使新创企业大量出现,本地企业的企业家精神进一步刺激了创业和创新。

2.3　产业生命周期理论

产业生命周期(industry life cycle)是指产业从出现到完全退出社会经济活动所要经历的时间;是产业从产生到衰亡具有的阶段性和共同规律性的厂商行为(特别是进入行为和退出行为)的改变过程;是产业的发生、发展、成熟和衰亡的一个客观过程。它是在产品生命周期理论的基础上发展起来的。

整个产业从产生到成熟的过程中,产业内的厂商数目、市场结构、产品新动态变化的过程就是产业发展演进路径。根据现有的研究情况,产业刚成立的时候,进入的量多,达到顶峰,然后再下降到一个相对较低的状况;在产品产出形成规范的初期,市场份额变化速度迅速。随后进入者减少,生产者数量上出现淘汰,产品创新、产品竞争性观念多元化下降,即使市场是持续增长的,企业的努力仍将会放在生产工艺上,使市场份额趋向稳定。这一演进模型刻画是以案例研究和新产业演进的数量分析作为基础的。

Klepper & Simons[11]总结了企业的进入、退出、市场结构、技术进步、产业从出现到成熟过程中的技术变迁(technological change)如何变化的六条规律。这些规律如下。第一,在产业出现初期,进入者数量可能会不断地增加,或者是在一开始就达到了顶峰,然后进入者减少。但无论是哪一种情况,进入者的数量最终都将会变得很少。第二,生产者数量初始增长,然后达到一个顶峰。以后尽管产业总产出持续增长,但生产者数量却会稳定下降。第三,最大企业的市场份额变化率下降,产业主导者趋向稳定。第四,在生产者数量增加的同时,产品创新数量和产品多元化增大并达到一个顶峰,然后下降。第五,随着时间推移,生产者更愿意进行生产过程创新(process innovation),而不是产品创新(product innovation)。第六,在生产数量不断扩大期间,最新的进入者具有更多的产品创新优势。它们刻画了一幅技术发展产业(technologically progressive industries)演进的混合画面。Klepper 为了对以上的六条规律进行了解释和分析,在分析模型中引入随机成长过程,提出淘汰机制。

参考文献

[1] 刘传江,李雪.西方产业组织理论的形成与发展[J].经济评论,2001,(6):104-111.

[2] 王留兵.我国汽车零部件企业分销渠道冲突问题研究[D].硕士学位论文,东北财经大学,2007.

[3] 郭伟奇.我国汽车零部件业跨国联盟的发展及对策研究[D].硕士学位论文,武汉理工大学,2006.

[4] 柳卸林,段小华.产业集群的内涵及其政策含义[J].研究与发展管理,2003,15(6):55-61.

[5] 王缉慈,谭文柱,林涛,等.产业集群概念理解的若干误区评析[J].地域研究与开发,2006,4(2):3-8.

[6] Crouch C,Farrell H. Great Britain:Falling through the holes in the network concept. In:Crouch C, Le Galés P, Trogilia C, Voelzkou H (Eds.), Local Production System in Europe:Rise or Demise? Oxford:Oxford University Press, 2001, pp. 161-211.

[7] Rosenfeld SA. Bringing business clusters into the mainstream of economic development[J]. European Planning Studies,1997, 5(1):3-23.

[8] Feser E. Industry cluster concepts in innovation policy:A comparison of U. S. and Latin American experience[J]. Springer Vienna,2005(4):135-155.

[9] Baptista R,Swann GMP. Do firms in clusters innovate more? [J]. Research Policy,1998(27):525-540.

[10] Martin R,Sunley P. Deconstructingcluster:chaotic concept or policy panacea? [J]. Journal of Economic Geography,2003,3(1):5-35.

[11] Klepper S,Simons KL. Industry shake outs and technological change [J]. International Journal of Industrial Organization,2005,23(s1-2):23-43.

第3章 中国产业发展模式理论研究(一): 产业发展规律研究

3.1 产业发展在时间上的阶段性(表现为产业生命周期)

1. 产业生命周期阶段

产业就是具有某一种共同特性的企业集合。产业发展是产业质态的变化,也是一个长期的、不可逆转的过程;它不仅仅体现在产量上的增多或者减少,它还随着产出的增长而出现观念意识、政治结构、社会结构和经济结构的变化。

产业的生命周期是产业发展以及发展阶段性的体现,也是产业发展的基本规律和趋势之一。通常产业的发展会历经产业的形成、成长、成熟以及衰退这四个阶段。

(1)产业的形成时期

产业的形成时期也就是产业的萌发期,这一时期是社会经济活动和产业生产不断交叉、集合、发育,并慢慢构成产业基本要素的雏形的过程。产业的形成与新技术的产生、推广和应用密不可分,也就是科学发明创造价值的实现过程。

所谓的产业创新就是指产业在组织生产过程、管理生产过程、分工过程和技术生产过程中的创新作用下,从原有产业中分离出来,形成新的产业。企业的创新是指企业按照生产的需要,把生产要素进行重新组合、分配的行为,主要包括组织创新、市场创新、管理创新、产品创新和技术创新。

产业的形成标准有以下几点:①有自己的专业人员;②已经形成了一定规模;③具备专业技术和专业装备;④这个产业在当时的社会中有一定的影响力,是当时社会不可缺少的。

（2）产业的成长时期

产业的成长时期指在产业形成的基础上，通过不断吸收各种经济资源的方式来扩大自己的过程。这不仅仅体现在量上面，也体现在质的方面。在量的方面主要是指这个产业的生产能力和企业的数量；在质的方面主要是指旧产品的淘汰、新产品的升级、管理水平的提高、产业组织的合理化、科学技术的进步等。

该阶段的主要特点有：①在扩张时期，大量的企业跟随而来，将企业的资金投入到这个行业，提高资金的流动率，进而促进企业规模的扩大；②产业在这个时期，经历了一个自我充实和完善以及选择的过程。

（3）产业的成熟时期

产业经过快速扩张后，达到一定的高度。当产业各方面的扩大趋势开始停滞时，即进入产业的成熟阶段。这是一个技术稳定、规模稳定、产品稳定、供给和需求稳定的阶段。

这个阶段的主要特点有以下几点：①这个产业已经成为社会的支柱产业，其所贡献的利税份额、生产要素、生产产值都在国民经济中占有比较大的比重；②产品普及程度高，产业规模大，企业效益高，市场地位高；③出现买方市场，市场需求和市场生产力趋于饱和状态，供求矛盾不大。

（4）产业的衰退时期

产业衰退是指产业由原来的兴旺走向衰落的过程。它主要是指相对于产业发展的规模，当时的社会产品不能满足消费者需求的颓势状态。

产业的创新能力降低和衰退是产业衰退的本质。现代的创新理论认为，产业发展的根本动力是创新。如果创新能力不够，定会导致产品成本变高、产品老化、生产量减少、利润水平下降，进而使得产业的竞争力随之下降。

产业的衰退是否定自身产业，培育新产业的过程。在新产业诞生与老产业衰退并存的情况下，产业体系也在不断变化，从而保持了经济活力，促进了国民经济和产业经济的发展。

2. 产业生命周期中产业发展阶段的变量特征

从单个产业的生命周期来考察产业的发展，如同考察产品的生命周期一样，要看它所处的是哪个时期。由此看来，产业发展就是一个产业经历的由诞生、成长、成熟到衰落的过程。产业发展周期中的成长和成熟这两个阶段典型地代表了产业的发展，在产业生命周期中具有特殊的地位，因此对于它们的研究是十分有意义的。下面来讨论产业在这两个阶段的企业数量、产业规模、产品质量、市场结构、产品价格等方面的变化和特点。

（1）企业数量

在产业的扩张时期,大量的企业跟随而来,这个产业的企业数量增多,这些企业的资金投入到这个行业,提高资金的流动率,进而促进企业规模的扩大。但是,这些企业的技术水平并不一定是处在相同的水平上,通常先进入这个产业的企业的技术水平相对会高些。所以,产业的发展又分为前期和后期。在产业发展的前期,由于市场的需求比较大,所以企业之间竞争并不是很激烈,大部分的企业都能在这个产业发展下去。但是到了后期,由于产品的多样化,人们对于产品的要求也逐渐变化,慢慢出现了中档、低档、高档产品的划分,每个企业的产品特点也就不同,市场目标也不一样,这样就出现了激烈的市场竞争。而当市场需求的增长达到一个稳定的趋势时,市场的容量开始膨胀,随着新企业的不断加入,被淘汰企业的不断退出,产业中的企业数量慢慢趋于稳定。

（2）产业规模

和新产业中的企业数量的变化相同,由于资金的大量流入,产业得到快速发展,产业的规模也在不断扩大。由于劳动力成本影响了劳动利润的最大化,所以产业中企业数量和企业的规模也有很大的关系。在产业的扩张时期,受到这个行业的利润的诱惑,许多企业纷纷加入到这个产业中;由于资金的流动率提高,企业的规模也在不断扩大。由于少数先进入该产业的企业掌握的技术水平比较高,所以他们先进行企业规模的扩大,获得超额利润,而其他大部分的企业由于技术水平不是很高,只能获得平均利润。还有一小部分企业或者是新进入这个产业的企业,由于技术水平有限,又受到市场容量的限制,以及与其他的大中型企业的竞争,最终在这个产业很难发展下去,只能退出该产业。但是因为这个产业的快速发展,进入该产业的企业总数量要大于退出量,所以这个产业的企业规模还呈现一个扩大的趋势。而后期随着市场容量的稳定和市场需求的划分,在这个产业逐渐出现了主导企业。这些主导企业为了占领更多的市场,会限制其他企业的进入,利用企业的多余资金,使自己的产品多样化,增强自身的综合竞争力,并在内外部吞并其他的小企业,扩大自己的规模,还会对自身的各个方面进行更加专业化的改进,例如技术创新和提高管理水平。通过这些改进,使自己到达一个最优的规模。

（3）产品质量

随着产业的发展,产品的质量也在逐渐提高。产业形成初期,各方面都不成熟。随后大量企业的进入,给产业带来了新的技术、新的品牌模式等。为了成为产业的主导者,拥有更大的市场占有率,企业会对自身各方面进行提升,进而提高了产业的产品质量。中期,质量的提高已经达到了一定高度,提高的速度逐渐减慢,这主要是由于一些大企业的陆续产生,他们拥有充足的资本去进行技术的创新,所以他们拥有高新的技术和资源。小企业的创新则受到自身诸多条件的影响,像对象多元性、网络的密度、地位平等性、互惠性等。后期,技术发展达到了一定的高度,发展速度逐渐缓慢或者停止,产品也逐渐成熟,这时,企业开始对更加高档的产品的研究。

(4)市场结构

和产业规模的变化一样,产业的市场结构变化也和企业数量有关。发展初期,企业相继进入这个产业,大多数的企业都是处于摸索的状态,产业内只有少数规模大和技术高的企业。而且每个企业的创新都不相同,所以在产业发展初期,他们的生产规模比较小。产品之间的相似度比较大,所以很容易产生替代现象,当时的竞争性比较小,再加上主导企业并没有凸显出来,这个时候的竞争主要是技术创新的竞争。到了中期,主导企业开始出现。这个时候,虽然很多企业还在相继进入这个产业,但是因为所拥有的技术水平的不同造成了生产成本的差异,并且大企业掌握和控制主流技术,所以很多技术落后的小企业无法在这个产业中发展下去,不得不退出这个产业。这样造成了垄断雏形的产生。但是受到大的市场容量的影响,大企业的垄断也是暂时的,所以很多企业通过改变自己产品的服务方式,来稳定自己的市场占有率。到了后期,企业之间的竞争更加激烈,很多小中型企业选择退出或者被实力比较强的企业吞并,市场逐渐被几个比较大的企业瓜分,出现了寡头垄断的现象。因为这些寡头企业在这个产业中占有很大的优势,随着这些企业的发展,新的企业就更加难以进入这个产业。

(5)产品价格

产业在发展中,产品的价格也随之变化,其趋势为初期下降、后期增高。初期,企业获得了大量的超额利润,这个利润都是企业通过产品的高价格来实现的。随着大量企业的不断进入,产品不断增多,而消费者的需求量并没有多大增长,所以产品的价格下降。中期,由于技术的不断发展和进步,生产产品的成本也随着下降,市场价格方面的竞争程度下降,企业间的竞争重心转化为垄断竞争,因而对价格的确定也是采用了跟随定价的方式去竞争。后期,由于大量的企业不能在这个产业中获利,纷纷退出,市场的结构也向寡头垄断转化,企业之间的竞争结果只会是两败俱伤,所以他们选定价格的时候,都是相互商量,以达到互惠,同时考虑到每个企业的规模不同,所以也会商定每个企业的产品产量,所以这时的价格会高出市场价很多。

3. 产业演进阶段识别方法研究

产业是在内部的结构调整和外部环境的相互影响中发展的。随着时间的变化,产业从萌发到衰退,可见产业的发展也是有阶段性的,但是怎么样区别每个阶段的分界点?

上文中我们也提到了,单个的产业在发展过程中经历了三方面的变化:投资规模、市场的需求量、产业规模、产业的产值、总资金量的增长;在组织方面,进入这个产业由易到难;技术方面,技术在不断提高,出现主流技术,最后达到稳定等,这些都是影响着产业发展的因素。但是技术的发展很难量化,所以主要是从组织和规模方面进行研究。方法有以下几种:

(1)厂商"净进入率"法

这个研究方法是比较古老,也是比较早用的一个方法。这个方法主要是在产业组织方面对产业发展的阶段进行区分,主要是看企业"净进入率"。不同时期,企业的绝对数量的比较,反映了产业发展的阶段。阶段间的拐点主要是根据企业数量增长率开始出现了低于前一期的 3%(或 5%)的情况时来判断,而成熟期结束的主要标志就是企业数量下降到前一期数量的 97%(或 100%)的水平。为了避免假象的出现,企业的"净进入率"都是用多年移动平均法。

这种方法虽然能够体现出产业的演进发展过程,但是那些进入不久就退出的企业数量波动性比较大,如果采用多年移动平均法,误差也比较大,而且对于阶段拐点的研究在不相同的情况中所依据的因素也是不尽相同的。这些因素为阶段的确定加大了难度。

(2)把创新主体和新活动程度结合起来对阶段进行识别

Klepper[1]提出,采用创新活动程度和创新主体相结合对其阶段进行判断。他先后对各阶段和阶段间的区分进行定量和定性区别,主要体现如表 3-1 所示。

表 3-1   结合创新活动程度和创新主体的识别标准

创新主体	创新程度	
	高创新	低创新
小企业	形成期	衰退期
大企业	成长期	成熟期

表 3-1 中,企业规模的划分是以 500 员工数为界,又以创新率平均水平对创新程度进行划分。但是每个国家对其企业规模的界定都不同,所以表 3-1 要根据每个国家的具体情况来调整后才能使用,操作性比较低。

(3)用二维来做识别

Tether & Storey[2]研究发现,每个产业的企业数量不同,那么这个产业所包含的劳动力数量也不同,而且也会有阶段性的变化。受到这个数据的启发,研究者就把这两者的维度结合起来对其定位。研究表明,产业的劳动力数量可以反映产业的阶段。用这种方法对产业的演进阶段进行区分的步骤如图 3-1 和图 3-2 所示。

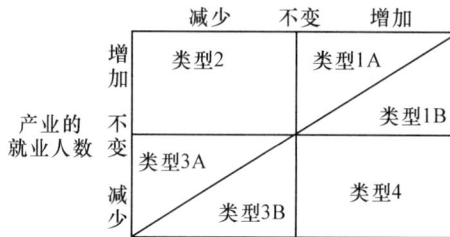

图 3-1   产业演进阶段的分析框架

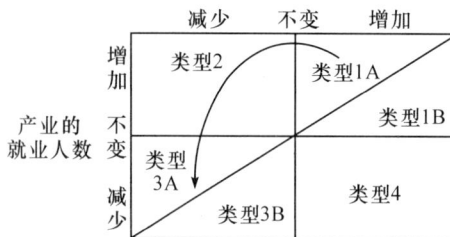

图 3-2   产业生命周期理论预测的产业演进路径

图 3-1 中,纵轴和横轴表示产业的就业人数和产业中企业数目。沿着对角线,产业内企业数目与产业就业人数变化一致,对角线以上区域表示产业就业人数的增减情况。类型 1、2、3 则分别处于 Klepper 的成长阶段、淘汰阶段

和稳定阶段。类型 1 产业,这个产业中的就业人数和企业数目都是增长的状态;类型 2、3 里的企业数目都是减少的,而他们中的就业人数分别是增加、减少的状态;而类型 4 中企业数目增加,就业人数减少。虽然这和之前咱们所说的模型不太一样,但是这一规律在欧洲高技术制造业部门是普遍存在的。

图 3-2 显示了产业类型间的替代。类型 1 主要体现的是新产业刚刚开始时各项数据的变化,这一时期就业人数和企业数目都是在增长的;类型 2 则是产业进入成熟期,就业人数在增加,但是实际上企业数量已经开始在减少了;而类型 3 表现的是就业人数和企业数量都减少的状态[2]。

(4)基于产业集中度的产业演进阶段识别法

2001 年,Deans 等[3]第一次用衡量产业集中度的 HHI 指标和 CR3 指标来对产业发展阶段进行区分。这次是用产业集中度对产业发展阶段的影响来做识别,使用了几十个行业和国家以及 2000 多家上市公司的数据信息,最终得出的结论是"所有的产业都遵循同样的路径进行整合"。以 25 年作为一个整体,将产业演进曲线划分为初创、规模化、集聚平衡和联盟四个阶段。在初创阶段,新成立的、新解除管制的或者分拆的子行业引领着这个产业的发展。随着时间的推移,过渡到了规模化阶段。在这个阶段,最先进入的企业的规模越来越大,逐渐成为整合这个产业的领导者。当进入集聚阶段,发展比较快的、实力比较强的企业开始扩大自己的核心产业,果断地把其他附属部门处理掉,以提升自身的竞争力。最后到了平衡和联盟阶段,只有几个比较强大的企业处于主导地位,产业的集中度达到 90%。产业集中度(CR3)在这四个阶段分别是 10%~30%、30%~45%、45%~70% 和 70%~80%[4]。

可以看出,产业演进的周期定为 25 年是不合理的,其实不同产业的演进周期是由其自身特点决定的。尽管如此,这个方法还是一个比较好的分析工具。但是,由于产业的不同,可能会有一些产业的自身特点决定了他们没有走到集聚和联盟阶段就已经完成了自己的生命周期[5]。

(5)产出增长率法

产出增长率法主要是通过这个产业与整个行业的产出增长率之间的变化情况来判断的。这个方法的核心就是两个相邻的时期内(每个时期大约 20 年)产业的增长率和他们相对应时期内所有产业部门的增长率的变化。如果在这两个时期,这两个值都比平均增长率高,相对应的这个就是成长产业;如果后时期的要远远高于平均增长率,前时期的和平均增长率十分接近,那么就是形成期;如果后时期的逐渐低于平均增长率,而前时期的却比平均增长率高,那么这就是成熟期;如果两者都比平均增长率低,那相对应的就是衰退期。用这种办法,不论什么情况,都能排除经济整体增长趋势对产业产出增长的短期冲击影响。

3.2 产业发展在空间上的集合性(表现为产业集群)

在偶然性的作用下,有些地方出现了产业集群而有些地方却没有出现,所以偶然性出现的背后有其必然性。必然性是在一些条件成熟的地方,一个偶然的事件触发了产业集群的步伐。但是从产业发展的角度来讲,产业的集群发展是一种规律和趋势。那么我们首先来探讨产业集群产生的条件及原因,然后分析集群产生后自我强化的机制。这便构成了产业在空间上的发展规律——产业集群的形成机制。

1.产业集群产生的条件

在人类社会中,很多的经济活动都具有空间集聚的趋势;随着时间的推移,它们对空间集聚的影响和在空间集聚中的地位都发生了变化,可能原来影响不太大的因素变得重要起来,而原来影响比较大的因素却不太能对它们起到很大的作用。这种种因素的变化也会带动企业的不断变化而更向集聚靠拢。而产业集群同时也是由多样化的产业类型组成的,由于集群的类型和划分标准的不同,他们的形成原因也是不相同的;即使是在同一个位置,自然进行集聚的要素也有很多,但是总结起来主要有以下几点原因。

首先,设备供应商的存在和原材料的存在。例如,不同的地理位置,所盛产的农作物不同,所以集群也就不同。第二,所处的地理位置的优势,比如比较接近原材料市场或者离最终市场比较近。第三,专业化市场的存在。劳动密集的企业为了降低生产成本,会在选择时考虑劳动力相对廉价的区域。第四,特殊的自然资源的存在和智力资源的存在。像中关村有很多高技术企业集聚,其主要的原因是中关村附近有很多的科研机构、有名望的学校、著名景点等。第五,为了获得便利的公共物品。像荷兰运输集群的发展,很大一部分依靠的就是鹿特丹港口完善的基础设施。

2.产业集群产生的原因

从以上产业集群产生诱因的分析来看,产业集群产生和存在的原因主要有两个:一是生产方式的转变;二是交易费用的节省。

从 20 世纪 70 年代起,全球化和信息革命的发展浪潮促使柔性生产和"福特制"之间相互渗透,诞生了新的生产方式,即"柔性专业化",也被称为"弹性专精"。这个方式不仅能使企业更多地利用分包来发展劳动分工,而且也能满足不断细化和变化的市场需求。消费需求的变化,促使生产方式不得不进行变革,但是生产领域的变革也使新的产业组织形式诞生了。集群比单一企业更能够满足新的生产方式的需求。

发展特色产业是产业集群市场竞争方面一个很大的特点。企业并不是针对整个行业,而是选择了某一产品系列的一个细分市场、某一顾客群作为主要方向,或者在某一环节上成为大公司甚至跨国公司的一个重要环节,在全球生产体系中靠着大企业来参与市场竞争。也正是如此,该特殊组织形式也在不断地发展壮大,成为适应"弹性专精"生产方式的非常棒的组织载体。

产业集群出现的第二个原因是"交易费用"的自然选择。产业集群能降低"交易费用"的原因主要体现在以下几个方面:

(1)集群的经济优势

产业集群有一个有用的、影响很大的特点,即地理集中性。这个特点影响了产业在地理空间上的集中,促使许多产业相关的企业集中在同一区域内,产生集聚经济效益。其主要原因有:①由于许多产业相关的企业集中在同一区域,而且集群企业也会有相互的依赖性,所以可以提高企业的生产效率,一些企业的运营也可能会给其他的企业带来业务量,从而提高经济效益。②资源共享,可以降低企业的成本。③由于集群都是集聚在离生产资料比较近的区域,这样可以降低运输费用,进而降低生产成本。所有的这些在资源和成本上面的优势,可以提高集群企业的生产效率。

(2)劳动力市场的有效供给

这主要表现在两个方面:①由于每个企业的各种待遇的不同,劳动力的需求也是不完全相同,所以,劳动力会在这个区域内流动。由于区域的限制,劳动力之间也进行了竞争,这就有利于技术、专业水平、管理水平的开发和传播,最终达到在质量和数量的双重供给。②随着产业集群的不断发展,各种优秀人才的流入,形成了区域性劳动力市场。随着劳动力水平的提高,人才与企业的匹配程度降低,降低了摩擦成本。

(3)交易成本优势

随着社会分工越来越细,市场需求也越来越多样性,单个的企业要亲自去把控所有生产链上的加工是不可能的。所以企业一般会找其他的企业进行交易或者合作,来减少资金的投入量,这也增加了企业之间的合作,交易的成本也随之下降。对于某产业的整个集群来说,企业之间的交易每增加一次,那么整个产业的总的交易成本就会降低一次,而且由于企业之间人的交流,人与人之间的关系也会变得更加亲密,对于企业之间的交易次数也会有影响,进而使得交易成本大幅降低。

(4)信息成本优势

在产业集群中,企业和企业之间或者是企业和机构之间有很多种渠道进行信息的交流。因为在同一个区域内,所以企业不必花费很大的功夫去搜索市场信息,降低了企业对企业信息的收集成本。而且由于企业在市场上的地位相同,所以企业之间的交易都是以双赢为目的;由于环境的关系,信息比较开放,避免了交易的风险。

3. 产业集群发展的核心要素

已有的理论分析表明,产业集群作为一种产业在空间上的发展趋势,它的出现是有着必然条件的偶然性,出现后有其自我强化的机制,但是产业集群的持续发展需要一些核心要素。

创新是产业集群发展的最重要的核心要素。创新对于集群升级的重要性主要表现为以下几点:

(1)集群发展停滞与衰退的主要因素是创新不足

首先,如果信息知识的来源数量有限、狭窄或集群内的环境对交流进行不利的话,都会引起集群创新不足,从而影响集群发展。集群发展遭遇阻碍从根本上说是因为学习途径变窄、学习能力变低以及外部信息输入不足,但也并非完全是由这些阻碍引起的,历史也发挥了一定的作用。为了把活动协调到更好的状态,主体要确保一定要素的支撑。解除发展障碍一方面要扩展对外联系,把地方网络连接到世界网络体系中,实现知识的充分流动;而另一方面要提高学习能力、拓宽学习途径与改善区域知识结构。这些办法都能在很大程度上提高集群内的创新资源,从而可防止集群发展状态的停滞不前。

其次,创新很大程度上决定了产业集群的兴衰。即便在产业集群发展得比较成熟的欧美国家,因为创新不足而衰落的产业集群时有发生。比如,曾经著名的 IT 产业集群"128 公路"地区原是美国高科技产业中心,沿路层汇聚了绝大部分掌握了世界顶尖信息技术的企业,但是到了 20 世纪 90 年代却几乎无人问津[6]。其衰落的主要原因在于区内的聚集企业过于纵向一体化,有限的几家大企业的创新不足,从而导致了产业集群失去活性。缺乏大量中小企业的产业集群往往阻碍创新,这主要是因为统一的竞争方法很容易强化过去的行为,压抑新思想,增加采用新技术的机会成本。

(2)创新是对集群发展中"路径依赖"的有效修正

从社会认知角度来讲,人类的行为有着社会嵌入性的特征。这种嵌入性根源于制度化了的社会习俗和规则对于信念个体知识的塑造,也就代表着行为模式主要是惯例化的和重复的,并且该过程也强化社会制度和结构与再生产,这就是路径依赖不易改变的重要原因。所以,在这场变革中起到关键作用的就是"创新"。现代的创新往往是对原有的知识重新编译和进行传播,创造新的消费方式与新的生产方法,它是一个持续渐进的过程。集群的这种渐进式创新能轻微改变集群内原有路径的缺陷。"集群企业家"在频繁大量的知识交流过程中开始对原有路径进行一种"有意的偏移",这种偏移导致现有集群的"路径依赖"程度减轻。如果能保持这种创新性的存在,集群将会逐渐脱离原有路径,产生一种"向上"的动力。这种偏移不断地获得,不断地积累,最终形成集群升级。

(3)创新可以有效地提高网络效率,降低网络成本

为了有效减少网络成本,政府要控制投入要素市场的网络成本增长可以从一些区域政策的实施着手,比如当前在很多产业集聚的地方政府正在实施吸引人才的优惠政策与土地优惠政策,这些政策在很大程度上达到了控制网络成本的目的。但由于政府对投入要素的成本控制能力有限,集群内企业数量不断增加,因此无法保持集群长期可持续性发展对投入要素市场形成的网络成本进行控制。解决问题的关键是有效减少产出市场的竞争与拥挤所产生的网络成本。

产出市场竞争与过度拥挤是集群经常出现的现象。在进入成熟期后,这也是目前我国的一些产业集群过早地步入衰退期的主要原因。产出市场的网络成本会因为经济政策、市场环境等一些外部因素而改变,但更多是集群内部竞争优势逐步丧失导致此类情况的发生。这种情况要通过创新来解决。

3.3　单个产业的发展趋势表现为产业生态化、国际化

1.产业生态化

产业生态化是指产业根据自然生态有机循环的原理建立起来的发展模式,把在一个固定区域里多种具有不一样的生产类别的企业,按照生物、物质循环与产业共同生存的原理对产业生态系统里的各个组进行优化组合,以完成园区内能量与物质的封闭循环利用,创建低消耗、低污染、高效率的环境和经济相协调的产业生态系统过程,完成生态系统和产业活动的可持续发展与良性循环[7]。产业生态化发展必须合理开发和利用环境资源,推广生产技术要做到资源节约,建立资源节约型产业结构体系,降低对环境资源的破坏,提倡绿色环保消费,实现环境效益、社会效益与产业经济效益的最大化。

（1）产业生态化的动因

国外学者发现环境的污染程度和人均 GDP 水平呈现倒 U 形的关系,即随着经济水平的增长,环境污染先出现加剧,然后达到一个峰值,最后不断地下降。下降的原因包括产业结构提升、生活水平提高和高污染产业转移等因素。产业生态化发展既是产业自身发展内在规律的驱动,是产业形态由低级走向高级化的一个发展阶段,也是在具有时代新特征的知识经济、经济全球化和科技创新这些外部环境作用下产生的。产业生态化形成与发展的因素主要有以下几个：

第一,环保因素。随着人口迅速增加与现代化工业不断发展,全球范围内的环境污染与生态破坏等环境问题日益严重,因此,产业发展要求在生产中采用先进生产工艺和设备,节约更多物质和能量,减少废弃物产生量,对各类废弃物综合利用,实现循环经济。

第二,产业竞争。为在激烈的市场竞争中获取优势,提高产业的竞争力,必须主动地适应消费者对绿色产品与生态消费的需求,寻求产业的可持续发展模式。同时,自然资源尤其是不可再生资源的使用成本不断地提高。产业生态化的目标是实现资源节约、生态环境损害最小化与废弃物多层次利用,使得产业在内部和在上下游供应链之间寻找增加附加值或者降低成本的途径。

第三,科技创新。技术进步是产业变革和发展的推动力量。随着现代科技的发展,生态化技术不断地创新,比如污染防治技术从过程末端处理向清洁

生产发展,对废弃物进行回收与综合利用措施不断地成熟完善,为实现循环经济提供了有力的技术支持。

(2)产业生态化发展

产业生态化发展是产业发展规律的重要组成部分。由于消费升级与经济发展,生态产品收入弹性不断提高,产业生态化发展空间日益增大,产业规模日益扩张。在产业生态化发展过程中,产业向收入弹性大的高新技术产业、资源再生产业与环保产业发展,促使物质能量完成最大限度的循环。伴着产业生态化的日益发展,进一步细化的产业分工导致了新产业的产业转移和连续诞生;与此同时,产业技术关联和含量的提高,产业间技术融合与渗透程度上升,增进了产业的整体升级。资源循环利用效率不断提高,向产业前后环节的产业生态化发展,向前后领域慢慢伸展,完成全程生态化。产品发展的趋势是向技术含量高、体积小型化、重量轻型化和耐用性大的产品发展。

2.产业国际化

产业国际化是经济全球化主要的决定因素,是指生产要素的配置不分国界,在世界范围内进行配置。产品生产与销售市场不分国界,面向国内与国际两个市场,其动力在于追求产业的最大规模效益。产业国际化特点是:产品生产国际化、企业经营国际化、生产经营规模化和集中化、市场竞争格局国际化[8]。一个产业生产国际化的主要衡量指标有:本国公司在海外生产比例、本国产业在世界市场中比例、外资在本国的投资以及本国产业在海外的投资等等。投资国际化是产业国际化的基础。

(1)产业国际化的动因

产业国际化主要是跨国公司通过对外投资和产业国际转移实现的,对外直接投资高的产业其国际化程度也高。国际直接投资是产业国际化的动力与加速器。产业国际化的主要动因有以下两方面:

第一,科技进步。随着现代高科技的发展,生产专业化和标准化的程度不断提高,产业链各段生产可以在时间和空间上分开,形成了产品生产国际化的技术基础。产品的形成可以由遍布全球的各国企业以高度的专业化分工为基础而共同合作完成。同时,通信与运输技术的发展降低了交易成本,使得跨国公司可以把生产和销售渠道分布到更为广阔的地理空间。

第二,资源配置。能够克服本国的关键性短缺资源制约的是产业国际化,利用相对比较优势的全球资源,在国际范围进行资源的配置,这样可以降低国内经济发展对自然资源的依赖,打破资源的瓶颈。产业国际化形成与发展的物质基础是产业投入资源的更新变化。

(2)产业国际化的演进

在全球化的背景下,跨国公司通过直接投资、兼并和并购等方式,使生产要素在全球范围内,按照充分发挥区域相对比较优势的原则,不断地进行优化配置和有效流动,提高了全球竞争优势。跨国公司技术创新的全球化,加速了国际的技术转移和扩散,增进了国际产业集聚效应,不断提升产业结构虚拟化和高度化程度,促使新的产业出现。随着科技迅速发展和信息传递成本下降,经济全球化的趋势加强,推动了世界资本的流动,提高了产业国际化的效率。这使国际直接投资和产业转移规模不断扩大[9]。产业国际化发展趋势使产业内分工的国际化广度与深度不断加强。

从产业类型看,国际化产业已经从原来的石油化工和汽车等资本和技术密集型产业,逐步发展到电子信息、新材料和生物技术等高新技术产业以及金融保险、咨询等新兴服务业。这些产业具有技术含量高、收入弹性大、产业关联大的特点,特别是服务业国际化已成为全球产业和市场整合的黏合剂。产业结构高度化趋势和产业国际化的演进趋势一致,即从产业关联低、低技术含量、产业与低附加值的产品,逐步向产业关联高、高技术含量、产业发展与高附加值的产品演变。

参考文献

[1] Klepper S. Entry, exit, growth and innovation over the product life cycle[J]. The American Economic Review, 1996, 86(3):562-583.

[2] Tether BS, Storey DJ. Smaller firms and Europe's high technology sectors: a framework for analysis and some statistical evidence[J]. Research Policy, 1998,(26):947-971.

[3] Deans GK, Kroeger F, Zeisel S. The consolidation curve[J]. Harvard Business Review, (80):20-21.

[4] 丁焕明,等.科尔尼并购策略[M].张凯,译.北京:机械工业出版社,2004:13-96.

[5] 周发权.中国家电产业整合并购问题研究[D].硕士学位论文,厦门大学,2005.

[6] Saxenian A. Regional Advantage:Culture and Competition in Silicon Valley and Route 128[M]. Cambridge,MA:Harvard University Press,1994:226.

[7] 黄志斌,王晓华.产业生态化的经济学分析与对策探讨[J].华东经济管理,2000,14(3):7-8.

[8] 张纪康.论世界经济全球化中的产业国际化及其不平衡发展[J].世界经济与政治,2000,(5):75-80.

[9] 段从清,陈敦贤.论产业转移的国际化[J].武汉理工大学学报,2002,(2):83-85.

第4章 中国产业发展模式理论研究(二)：
产业发展动力研究

从理论上对一个产业发展问题进行分析应该包括两点：首先是对过程的全面刻画,然后探索产业发展的影响因素和动力机制。本章要分析在内外部动力机制作用下,产业发展的动力机制以及影响产业发展的主要因素。

制度经济学认为,产业变迁的根本原因之一就是制度和劳动的分工。制度经济学十分强调劳动、产业发展和交易成本演进关系的息息相关,而交易成本同样会影响分工。能加快分工演进的是较高的交易效率,然而能推动产业中间品增多的就是分工,同时分工也推动了产业各类细化加剧;另一方面,市场交易成本的下降,使得企业组织领域慢慢缩小,企业规模也逐渐变小,从而增进了中间产品层次的交易,导致产业分解[1]。

以弗里曼(Freeman)、纳尔逊(Nelson)等为代表的现代演进经济学理论认为,自然界和经济界情况类似,企业在市场上不断竞争,赢利企业将会不断增进发展,没有赢利的企业会慢慢衰败甚至被淘汰。企业要长久处于不败的地位就必须通过不断创新来扩大自己的市场份额和优势。所以,产业经济发展的根本动力就是创新[2]。

本文中,产业发展被认为是一个在外部机制和内部机制综合作用并在各方面因素的影响下,从量变到质变的过程。本书从动力机制和影响因素这两个纬度分析了演进的基本特征和相互作用关系,并分析了产业发展的内外部驱动机制和内外在驱动因素(图4-1)。在内部驱动机制中,利益驱动构成了产业发展演进的根本机制;产业发展演进的拉动机制是供求机制,它同时也是产业演进的最基本条件;产业发展演进自我实现的原因机制则是差异机制。

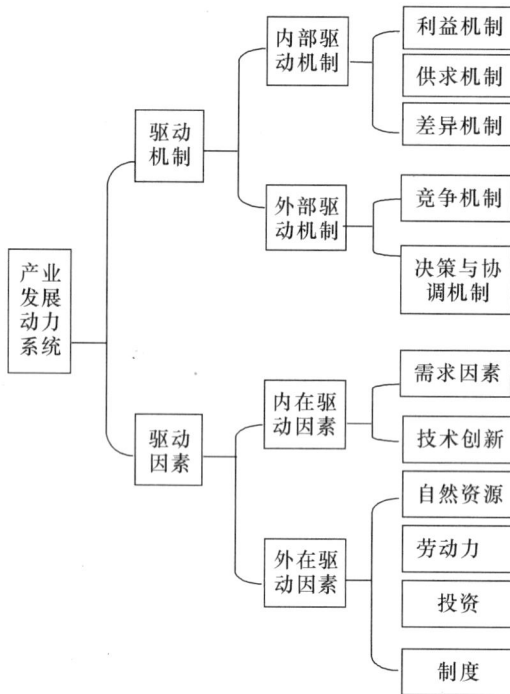

图 4-1　产业发展动力系统

4.1　产业发展演进的作用机制

4.1.1　产业发展演进的内部机制

首先,产业发展演进的动力机制是利益。产业因为利益的影响而诞生,又经历了从小到大、从盛到衰的过程。由于对利益的追求的群体不同,利益的定义也很广泛,它包含了政府、厂商、产业主体甚至国家的经济利益等。利益不仅可以把产业发展演进过程这一现象解释清楚,而且还能把与之相关的,例如产业空间转移、产业重合、产业投资、产业贸易等,解释得一览无遗[3]。影响产业发展演进快慢的最根本原因是利益驱动的强弱。利益驱动是以超额利润和平均利润率这两个规律为其作用机制的,另外产业边际收益递减规律也起了一定作用[4]。

其次,产业发展演进的动力机制就是供求机制。在本质上,产业的产生与发展是以需求存在为前提的。要想考察需求对产业发展演进的作用,先要考察需求的变化规律。随着社会的发展,人们的需求和收入总量都在不断提高,促进需求的结构也发生改变。在相同时间,需求增长和每个部门的需求都是不尽相同的,只是对于有的部门,需求慢一些。总体而言,需求的第一阶段对纺织业与轻工业的形成和发展提供了需求支持。第二阶段人们要求加大耐用消费品的生产,这为原材料工业的形成和发展提供了强有力的基础。而第三阶段是追求个性与时尚的阶段,要求社会生产出更多规格和品种的新产品。这就使得工业加工度上升,为高加工度产业的形成和发展提供了基础。

再次,差异是产业发展演进的内在本质性机理。产业系统的发展既不同于自然生态系统,也不同于机械系统。新型基础性要素的开发与运用,其决定性因素是产业适应环境能力,因而学习和知识累积的过程也是其发展过程。产业发展除了供求机制和内在动力的作用外,各个产业在技术经济与生产方面存在不同之处,各个企业在资源及要素禀赋、行为模式和组织形式上也不同。这些差异先天性地对产业演进起着重要作用。①这些差异会产生哈耶克所说的"差异优势",促进专业化分工,导致企业核心竞争力的差异的形成。不同企业适应能力不同,优胜劣汰过程就促进了产业的发展。②差异存在就存在学习效应,使得企业有了知识的积累,促进了产业发展。从产业分类可以看出,各个产业内在本质相互之间的差异与规定性折射了产业多样性的技术经济特点[5,6]。

4.1.2　产业发展演进的外部机制

1. 产业发展演进的竞争机制

迈克尔·波特认为,产业国际竞争优势的形成要经历投资驱动阶段、创新驱动阶段、财富驱动阶段和要素推动阶段四个阶段。产业发展环境中的一些关键因素即"钻石体系"决定了产业竞争优势。能够影响一个产业或者产业环节成功与否的关键就是"钻石体系"。"钻石体系"主要包括了需求条件,生产要素,相关产业和支持产业的表现,以及企业结构、同业竞争、企业战略这四个方面,另外还有产业发展机会与政府角色两个重要影响因素。这六方面因素决定了一个产业的竞争优势。事实证明,垄断和保护不利于产业的长期发展[7]。

2.产业协调机制与演进的决策[8]

对产业发展和演进同样起着重要作用的是人们的主观意志,其作用过程主要体现为:在战略层面上,国家政府对社会经济发展战略的选择,包括战略途径、战略目标、选择结果,将会以间接或者直接的方式对产业发展演进产生影响;在战术层面上,国家政府对内具体支持和限制产业的选择结果和产业政策的选择将对产业发展演进产生直接影响。不论是产业政策,还是发展战略,都是体现国家意志、领导人意志、民族情绪、意图和偏好的产物。经济发展战略一方面间接地通过产业政策等战术层面对产业发展演进产生影响,另一方面则为产业发展演进直接创造氛围,他们全是政府行为的结果,主要是通过货币和财政政策、价格税收政策、投资政策等手段来实现政府对产业发展演进的协调与决策。

4.2 产业发展的内在驱动因素

产业发展演进的内部和外部机制分析,是从产业的内部和外部带动发展的直接因素来分析产业发展的机理,寻找产业发展演进的真正动力。由于产业本身是复杂社会经济系统中的一个子系统,单从产业发展的作用机制不足以全面解释产业的发展演进的问题。本文主要从产业发展的内在驱动因素——需求和技术创新、产业发展的外在推动因素——自然资源和劳动力、产业发展的外部保障因素——制度和投资者三个方面来分析产业发展的影响因素。当然,除了本文分析的这些因素之外,还有比如国际贸易、政治因素等其他因素。

4.2.1 需求因素

需求是产业发展的主要动力源和驱动因素,需求的变化为其他因素的变化提供了动力和目标,为细化的分工供给了市场容量。社会总需求中份额最大的部分也就是消费需求,其主要由两部分组成:居民消费需求和政府消费需求。其中,居民消费需求是社会最终消费需求的主要组成部分,是影响产业发展的最直接因素。消费需求的变化包括需求结构和需求总量的变化,这会引起对应部门的收缩和扩张,也引起现有产业部门的衰落和新产业部门产生。人口数量与消费需求变动、经济发展周期、收入水平与水平、技术水平等因素有关[9]。从总量角度来看,人口数量的增加与人均收入水平的提高会扩大消费需求。

这主要体现在淘汰过时的产品与产业的是消费需求变动对产业发展演进的影响,各消费品产业部门在生产总量中所占的比重发生改变。我们可以从消费需求对产业生命周期每个时期的影响来分析其刺激新兴产业的发展的过程。比如当产业进入成长期,随着消费需求的扩大,企业根据市场的需求不断改进产品和工艺,进行产品创新,满足多样化的市场需求。新产业从不成熟逐渐走向成熟,随着市场容量的扩大和产品的改进,产业发展呈加速度递增。而在消费需求相对稳定的成熟期时,产品的创新率有所降低,市场上可能会出现几个大企业垄断的局面。产品的批量化生产成熟,并且生产效率达到最高;产业发展速度将递减,但仍有所发展。此时产品的需求规模决定了产业的成熟规模,产业的需求规模越大,产业进入衰退期的时间就越长。

在衰退期时,随着收入水平提高和技术发展,由于新产业的出现产生替代或消费习惯改变,人们的消费需求发生变化,对原产业的产品需求下降。而新兴产业将会出现,原产业不得不进入衰退期,并且逐渐被新兴产业所代替,但是不一定会衰败,也许会回到原有地位通过高新技术化满足新的消费需求。消费需求对产业发展的作用尤其体现在对产业升级和衰退时的影响:产业衰退主要是需求结构变化、产业比较优势与产业发展变化等因素引起的,其本质原因是消费需求容量的降低。随着经济发展与技术进步,国民收入增加带来两方面的影响:一是收入增加而对产品市场需求的增加;二是收入增长,现有产业的市场需求逐渐降低。

4.2.2　技术创新因素

产业形成的重要基础和动力一直都是技术创新。产业是由于分工而产生的,而分工是由于技术而产生的。在产业技术快速改进的情况下,生产效率也在迅速上升,资源配置也获得了足够的优化,需求升级,收入提高,因此带动了市场的分化,并有了提供更加全面个性化的服务和产品的需求,使产业链得到分化和延伸,因此进一步促进了技术发展与产业改革。任何其他因素都无法取代的是技术创新在新兴产业形成过程中的这种基础性动力作用[10]。然而,技术创新提供了新产业出现的可能性,使新产业具有了从原产业中分化出来的可能性的能力。产业形成与分化是由创新和技术进步决定的。从这个意义上讲,技术创新的产物是产业。企业劳动生产率快速提高的重要因素是技术创新和技术进步,正如格林斯潘在纽约企业经济学协会会议发表讲话(2000)指出的那样,美国劳动生产率的加速增长是由技术创新和进步推动的,是结构性的,而美国经济也正是从中获得了利益。

同时,产业发展的内在动力也包括技术创新。产业系统所依赖的创新体系决定了产业内部的发展动力。创新体系推动了产业的发展过程。技术创新可分为流程创新和产品创新两种类型。产品创新是有意识的研究开发活动与科学进步所产生的,一般发生在创新过程的初期。产品创新时务必通过相应的流程创新。有学者认为,在创新的完整过程中,尤其是在其中一个产品创新被深深关注后,应该"通过对制造程序的周期性或者产品特性升级,来完成产业改进"。对个体企业来讲,技术创新既有可能导致企业由于不适应变化被淘汰出局,也可能会为它们提供新的进入产业的机会。企业引起优胜劣汰的产业发展表现为技术创新在这个过程中的作用。因而,技术创新被认为是环境条件改变和全部产业系统运动的搅拌器。这一基本动力因素主要是通过对组织战略和市场结构的影响而发挥用途的。

创新推动变迁的过程是什么呢?创新的产业技术带动产业发展的过程可理解成:局部制度创新—创新扩散—群体技术创新—个体企业技术创新—企业适者生存,不适应的被淘汰—产业成熟、产生、成长或者消亡。这个过程由个体发起并由群体推行,完成全部产业的发展和制度变迁。技术创新推动产业发展主要是通过制度从个体产业到群体产业。这是一个缓慢的并逐渐前进的过程。

只从技术创新来讲,它的组成是由下面的过程来实现的:开发与研究、创新扩散、技术创新、宏观调控和产业结构变动。每个过程都同时存在多种活动,比如实施、投入产出、决策管理、辅助支持和信息传输等。个体比较优势的产生是个体的企业技术创新行为导致的产业分工深化,这主要体现在信息、人力资源、知识等基础性要素的独占利益,从而生产率水平的差异性发生了,内生比较优势就被认为是这类差异优势。经济行为的主体通过对自然资源或者资本、劳动和土地等传统要素占有上的不同而形成,这属于外生比较优势。因此信息和知识等新型的基础性生产要素的差异是内生比较优势的主要来源,而企业个体的创新行为可以带来这类特殊的差别性优势。通过生产中特定专业知识的长期积攒累积而形成的生产率优势,也被认为是专业化优势。所以可以认为,专业化优势获得代表着分工的深化,而创新行为以获得某种专业化优势为目的。那么当企业对于新型基础性生产要素的独占日益形成了内生比较优势,生产中出现一些新型的基础性要素取代了传统的劳动、土地和资本等要素的地位时,就代表着经济的整体发展水平获得了大幅提升。

4.3　产业发展的外在推动因素

4.3.1　自然资源

自然资源影响着产品的质量,不同的自然资源禀赋往往形成不同的产业部门,比如水资源丰富、气候条件优越和土地广阔肥沃的区域,农业得到快速的发展;旅游资源丰富和自然人文景观独特的区域,成为主导产业的往往是旅游服务业;金属、煤、石油等矿产资源丰富的地方,成为主导产业的都是资源开发型产业。

自然资源对不同的产业部门的影响程度是不一样的。自然资源对第一产业的区域分布有着直接的影响。由于第一产业对自然资源有着特殊的依赖性,在有相应矿产、森林和草地等自然资源分布的区域才会产生以这些自然资源为生产对象或者生产要素的矿业、农牧业等。自然资源对第二产业发展的影响,主要是通过第一产业发挥作用,特别是以第一产业产品为加工对象或者生产要素的第二产业,自然资源间接地影响原材料工业与其他加工工业的发展。除了旅游服务业外,自然资源对第三产业的影响相对不明显。所以可见,不同的产业受自然资源影响程度不同,其中农业与矿业影响最大,其次是运输业、建筑业、旅游业与加工业。自然资源对产业结构的影响在于自然资源的稀缺性与分布不均匀性,而且自然资源很大程度上是不可再生的资源,或者其再生能力满足不了人类开发利用的需要。自然资源稀缺性又是一个相对的概念,在不同地区或不同时期,同一资源稀缺性是不同的,对产业发展所起作用也是不同的。总的来看,自然资源优越的地区,有利于形成多部门综合发展的产业结构,对产业发展起着促进作用。

就自然资源对单个产业发展推动的影响而言,对自然资源依赖性强的产业,会因为资源枯竭而衰亡,或者因资源的发现而兴起。自然资源对产业发展的影响是多方面的。对相同产业来说,在发展的不同时期,受到自然资源的影响也是不一样的。

在产业的形成时期,形成对自然资源依赖性强的产业是自然资源的优势地位直接导致的。开发优越的资源,使得某一产业形成和发展。自然资源越丰富,它的开采成本与开发技术条件就越低,对促进产业的形成作用就越大。要成为产业形成的生产要素的资源必须具备可开采性与一定的开采储量。自然资源分为已开发资源与待开发资源两种,前者的供给状况直接决定和影响现有产业的发展,而后者的技术水平达到开发要求时,必将会成为未来产业形成和发展的基础。

在产业发展阶段,产业要迅速发展需要依靠相应的自然资源作为支撑,如果产业扩张对资源的供给的需要能够得到满足,那么产业将会迅速发展,否则产业发展水平会下降。

资源的存量会伴着资源的开发而减少,主要是指不能再生的矿产资源。矿产资源开采总是按照从易到难进行开采的,先开采比较容易开采的部分,后开采的部分因为开采成本增加,资源优势降低。大部分依赖自然资源的产业会随着开发难度变大、资源开采成本增加和资源的短缺而衰退和消亡。

总之,任何一个时期,产业发展都不能离开包括自然资源在内的生产要素的参与。

4.3.2 劳动力

劳动力是主要生产要素之一,是影响产业发展的重要因素。相应资源投入规模和资源利用效率决定了产业的发展,其中劳动力资源是一种不能替代的资源,资本不能替代劳动力,而只能使劳动力的生产效率发生改变。劳动力的数量和质量对产业生产率的影响决定了产业的发展。

1.劳动力数量对产业发展的影响

劳动力数量对产业发展的作用首先是表现为劳动力投入数量的增加引起产业产出的增加。按照生产函数:$Y = Ak^{\alpha}L^{\beta}$,产出和劳动力投入量呈正比,即投入的劳动力越多,能够推动的生产资料也越多,生产的产品就越多,那么该产业发展就越快;其次,劳动力数量对产业发展的影响表现在劳动力数量影响要素投入的结构。在劳动力资源丰富的地方,劳动力供给量大,劳动力价格较低;为了能充分利用劳动力数量多的优势,产业的发展方向是劳动密集型的产业。在劳动力资源较为短缺、劳动力价格昂贵的地方,产业的发展方向是资本密集型产业。

劳动力比重反映了劳动力在各个产业间的配置情况。劳动力比重的变动,受到劳动力供给和需求影响,影响着不同产业的发展趋势。从劳动力的供给方面来看有两点:①劳动力追求较高收入,所以存在着劳动力从收入较低的产业向报酬水平较高产业流动的倾向;②劳动力有追求自身发展与提高的价值取向,在即期收入相同情况下,存在着劳动力从预期收入较低的产业向预期报酬水平较高产业流动的倾向[11]。产业发展的过程就是要素使用效率不断提高的过程、要素配置不断优化,劳动力在不一样的产业间流动将会为产业的发展起到很大作用。

一般来说,劳动力的动向与不同部门或平均工资率、现有劳动力数量、产业的最大劳动力需求量有关。吸引劳动力流入的产业是劳动力预期收入高的产业,实际就业人数和产业的最大劳动需求量之差越大,其产业发展的空间也相对越大,劳动力流动量也相对越大。通过劳动力动向,各个产业劳动力供应和需求发生变化,这影响着各个产业的进步和发展。吸引劳动力的产业将会得到壮大、成熟和发展,甚至演进成经济发展的领先产业,而流失劳动力的产业将会慢慢萎缩和衰退,甚至最终可能发生倒闭。

以劳动力需求的角度去看,假设预期利润和劳动边际生产率过高,由于投入劳动的边际生产率决定了产业需要的劳动力,而边际生产率又取决于劳动生产率、价格、生产技术,这将导致这个产业的生产规模扩大,劳动力的比例在社会的产业中增大,这个产业的发展速度就会增快。由于劳动力价格和劳动力的需求是反比例的关系,所以受到外界的影响,劳动力价格降低时,产业对劳动力的需求将会增多。劳动力需求量大的产业,这个产业的发展速度和空间比较大,那么这个产业很可能就是当今社会中正处在发展时期的新产业。

2. 劳动力质量对产业发展的影响

前面的分析是以劳动力同质为假设前提的。下面要分析劳动力质量即人力资本对产业发展演进的影响。在劳动量投入不变的情况下,劳动力质量提高,使劳动力较快地接受新工艺,适应新技术,就能把新技术转化为生产力,提高劳动生产率,促进产业发展。劳动力质量的提高主要指人力资本存量的增加。人力资本的增加能增强产业创新能力,通过市场价格机制,实现资源的转移和利润的增加。人力资本的资源转移效应体现在资源集聚效应和置换效应。集聚效应指人力资本的集聚会造成其他生产资源的集聚,主要是物质资本,其表现为人力资本存量较高部门的物质资本的有机构成也较高,产品的技术含量和附加值都较高。置换效应指人力资本的集聚会造成其他资源投入的减少,主要是对普通劳动的置换,而且集聚效应对置换效应起着放大作用[12]。

卢卡斯模型对人力资本对产业发展影响做了解释。卢卡斯认为,人力资本既有内部效应,也产生外部效应,通过正规的或者非正规的教育形成的内部效应表现为人力资本投资,能使自身产生递增收益。通过在岗训练与"干中学"形成的外部效应指增加人力资本能使资本和劳动等其他要素产生递增收益。人力资本的这两种效应相结合,能减弱或者消除资本、土地等要素的边际收益递减规律对产业发展的不利影响[13]。设生产函数为:$Y = Ak^a (uNh)^\beta h^r$,其中,k 表示物质资本,N 表示劳动力,h 为人均人力资本,h^r 表示人力资本的外部效应,u 为人力资本用于生产的部分。设人力资本投资率为 σ,h 为人力资本,人力资本积累模型为:$\dfrac{\mathrm{d}h}{\mathrm{d}t} = h\sigma(1-u)$。

可见,人力资本和产业产出用在生产的部分 u、产出弹性 β、人均人力资本 h、人力资本的外部效应 h^r 正相关。随着用在生产中的外部效应的增加和人力资本的增加,在劳动力数目不发生变化的情况下,产出将会增长。由于人力资本的作用,在劳动力数量相同情况下,产出比无人力资本时要高 $(uh)^\beta h^r$ 倍。所以劳动力质量的上升,可使产出上升中实际劳动投入增长,使得产业在更多利用劳动力和节约资本的情况下发展,人力资本数量更多,技术更先进,产业发展自然就更快。

4.3.3　投资

投资是产业发展的推动力量,其中投资结构影响产业结构的发展,投资规模影响单个产业的发展。

产业形成与发展的物质基础是产业的直接投资;没有投入足够的资本,新产业就不会形成和发展。产业发展过程和发展方向取决于产业投资规模。第一,产业投资额和固定资产的数量密切相关,通过直接投资带来质量改善和固定资产的数目增多,从而增强了产业发展的物质基础。第二,产业投资提供产业发展需要的资金,投资可以使产业产出水平提高。在额定的技术支持下,投资规模越大,能够促进的生产资料也就越多,所以生产的产品也就越多,其产业发展的速度也就越快。第三,产业投入生产金额更多,容纳的劳动力也就更多,生产增长速度也就更快。第四,产业如想快速增长,那么固定资产的投资也就应保持同步或更快增加,才能使产业更进一步进行技术更新,才能形成新的生产力,加快产业的发展。

按照古典经济学的观点,企业投资取决于各个部门利润率的高低;按新古典学派的观点,企业投资取决于各部门资本边际效益的高低。一般认为,产业投资主要取决于市场利率水平和投资边际效率。当利率水平既定时,投资的边际效率决定了产业投资。产业发展的重要途径是投资边际效率的提高,其表现为生产要素使用率提高,单位产品资源消耗系数降低,也就是用同样多的生产要素或者等量资金,可以生产出数量更多的产品。投资边际效率在不同的产业有很大的差别,与社会需求和技术进步有关。当需求超过供给,产品的价格上升,提高了单位资本的产出量;技术水平高和技术进步快的产业,劳动生产率高,单位资本的边际效率也就高。投资使各产业的原有的生产要素与新增资本发生了全新的组合,改变了现有产业的生产能力。同时,对产业的投资总是伴随着一定程度的技术进步,这将导致产业内技术水平的改善和资源转换效率的加强,提高了投资的边际效率。投资的边际效率越高,越是能吸引资本的进入;在技术进步推动下,产业发展向高技术化、高资本密集化、高加工度化和高附加值化的方向发展。

4.3.4 制度

制度可分成正式制度和非正式制度。正式制度以某种明确的形式确定,由行为人所在组织进行监督并用强制力保证实施;而非正式制度指所有在正式制度无定义的场合起着规范人们行为作用的惯例或者作为"标准"的行为,主要包括文化传统、价值信念、伦理规范、道德观念、意识形态等因素。制度是通过三个基本功能对产业产生发展影响的:①降低了交易成本;②经济效益功能,即寻求规模经济、外部效应的内在化;③安全功能,即减少不确定性的功能。制度不是一成不变的,有其变迁的过程。制度变迁是一种效益更高、交易费用更低的制度对另一种效益较低、交易费用较高制度的替代过程。

1. 制度通过交易成本影响产业发展

杨小凯[14]把交易成本分成两大类:外生交易成本和内生交易成本。前者指交易双方在决策前就知道的交易成本,包括运输贮藏费用、执行交易时的各种费用、税收等。内生交易成本有广义与狭义之分,广义交易成本是由交易次数和每个交易成本之积决定的;狭义交易成本则指机会主义行为使得分工的好处不能被充分利用或者使资源配置产生背离帕累托最优的歪曲。

威廉姆森[15]认为影响交易成本因素有三个:不确定性、资产专用性和频率。产权制度指界定和维护交换双方权责利关系的制度安排;双方权责利关系越模糊,那么为界定和维护产权的制度安排支付的费用就越大。通过产权定义和制度创新,外在性与社会成本无人承担的一些问题能够得到缓解,无效的资源利用状况会得到好转。追求效率的交易成本最小化规则决定了对不同组织形式的经济活动和行为选择,而交易成本的变化受到制度环境尤其是产权制度制约。

制度对交易成本的减少绝大部分表现在信用制度上。同时降低交易成本也取决于政府行为;政府行为决定了非正式和正式的制度体系的安排,对交易成本有很大影响;而正式制度安排取决于政府行为,并对非正式制度的安排有很大影响,而制度的主要作用是给人们以肯定的预期,还有着减少交易成本和传递信息的作用。

公司治理结构优化是降低交易成本的重要因素。公司治理结构的全面和具体化是一系列的契约,该契约可分成两大类:一是非正规的契约,比如社会习惯和文化等;另一类是正规的契约,比如公司章程、法律法规和条例等。一个有效的公司治理体系,对调动企业契约各方积极性起着很大的作用,可以减少企业内部制度成本,降低交易成本,提高生产效率。

由此可见,有效的制度可以大大降低交易成本,从而促进产业发展。

2.制度通过技术创新体系促进产业发展

制度创新的根本动力是产业技术进步,所以对产业的发展影响巨大。诺斯[16]明确指出,欧洲在18世纪后之所以首先出现了经济的快速发展、人均收入飞速增加的局面,就是因为这些国家拥有更有效率的、保障个人财产安全的法律体系和经济组织,这些更完美的经济组织是自中世纪以来近千年的长期进化的结果。因研究技术发展历史而出名的美国经济学家小伯泽尔和罗森堡[17]明确指出,就科学技术本身来说,一直到15世纪,中国与阿拉伯明显地高于西欧,但是西方国家快速地后来者居上,在经济方面大大超越了东方国家,原因就是在中世纪中后期西方国家建立了一套有利于连续创新的社会制度。

3.制度通过提高社会资源配置效率影响产业发展

提高社会资源配置效率的前提是制度。制度能影响投资收益和成本,并能影响全要素生率和资本与劳动的利用效率,从而影响经济的产出水平和产业的发展。产权制度作为一项支持新产业发展的正式系统起着重要作用。产业成长的前提是需求的存在,而需求的增长取决于消费系统、收入的分配制度等。产业在成长过程中不断扩张,在制度的确保下,资源在不同产业间流动,提高了资源配置效率。

同时,制度的不断创新及其效用的发挥,也在不断推动产业资源的优化配置,促使低效率产业中的技术、劳动力、投资、服务、资本品等要素向高效率产业转移,从而推动了高效率产业的发展。这种提高资源配置效率、推动产业发展的制度创新能够把资源从非生产性或者生产效率低的部门转移到生产性或者生产效率高的部门,同时通过减少交易费用、降低交易风险、提高交易效率来提高产出增长率,促进产业发展。

制度要素既可以是工业化进程和产业发展的发动因素,也可以演化为限制因素。一方面,合理的制度安排能够促进产业的发展,促进专业化的分工,还能形成合理的激励机制,从而促进资源合理性的配置;另一方面,制度因素也会演化为产业发展进程中的限制因素,不合理的制度因素会妨碍产业的发展。制度变革具有路径依赖的特点。各个国家的初始化制度条件不一样,演进的路径体现就不同,而且存在着报酬逐渐增长的机制。制度的有效变革是促进经济快速增长和产业发展的决定性因素;制度不同导致技术创新的路径不同,因而绩效也不相同。总体上来说,制度创新和产业发展的关系是正相关的。

4.4　各因素在产业生命周期不同阶段的影响

当产业进入形成期时,也就说明了其相关的产品已得到了市场的认同,已有部分的企业进入该产业;只是其产品品种有限,作用还未被充分挖掘出来,市场需求刚刚形成。根据产业形成期的主要特性,可以理解为,此刻产业发展的最关键的就是通过技术创新来突破关键的技术,并满足市场需求的飞速增长。在形成期的产业发展的关键驱动和影响因素是技术创新和市场需求,以及制度(主要是一些政府的扶持政策)。

当行业进入成长期,行业的整体实力大大增强。市场需求拉动效应更为突出。强大和广泛的市场需求的主要动力是工业增长。虽然大部分主要技术已经得到突破,但是在产业发展中还是会有一些技术瓶颈。成长阶段是一个关键时期;对于突破技术瓶颈和产业技术走向成熟,技术的推动作用是至关重要的。由于生长特性的工业高速发展,需要大量的财力、人力和物力的支持,与此同时人力资本、自然资源和投资的作用也很明显。进入的企业数量大幅增加,在优胜劣汰的规则中产业内部竞争非常激烈,拥有很强实力的大型企业作用得到了显著突出,政府也开始重视大公司的发展,因此,政府对于企业成长的作用也是比较大的。总之,产业在经济增长时期,技术创新、市场需求、劳动力资源、投资和自然资源、政府等各种因素相互影响,同时对产业发展发挥了各自的作用。只是对于不同产业和不同地区,其作用机理是不同的,一些形成更有效的市场需求,而另一些技术创新效应更强。

当产业进入成熟期时,由于相对技术成熟,产业发展比较平稳,政府一般情况下不干预产业的发展,而对于产业发展起作用的因素变为市场需求、劳动力、资本和自然资源。此时的技术创新作用不明显。

当产业进入衰退期,企业对于推动产业的发展也没有好的办法,只好让它适应市场的需求变化的不同而自然发展,一直到有更新的技术或更新的需求带动产业的复苏,或者是施行产业转移。此时,技术创新是影响产业发展的关键因素。

参考文献

[1] Taylor JB. Stabilization Policy and Long-Term Economic Growth, Growth and Development[N]. The Economics of the 21st Century, 1994-06.

[2] 李靖华,郭耀煌. 国外产业生命周期理论的演变[J]. 人文杂志,2001,(6): 62-65.

[3] Lang LHP, Stulz RM. Tobin's Q, corporate diversification and firm performance[J]. Journal of Political Economy,1994,102(6):1248-1280.

[4] 刘友金,黄鲁成. 技术创新与产业的跨越式发展[J]. 中国软科学,2001, (2):37-16.

[5] Muth JF. Rational expectations and the theory of price movements[J]. Econometrica,1961,29(3):315-335.

[6] Lucas RE Jr. An equilibrium model of the business cycle[J]. Journal of political Economy,1975,83(6):1113-1144.

[7] 迈克尔·波特. 国家竞争优势[M]. 北京:华夏出版社,2002:63.

[8] Myers SC, Majluf NS. Corporate financing and investment decisions

when firms have information that investors do not have[J]. Journal of Financial Economics,1984,13:187-221.

[9] 简新华.产业经济学[M].武汉:武汉大学出版社,2001:87.

[10] 于树江,等.创新与产业演进的作用机制研究.管理科学与系统科学研究新进展——第 6 届全国青年管理科学与系统科学学术会议暨中国科协第 4 届青年学术年会卫星会议论文集[C],大连,2001:746-750.

[11] 杨春瑰.劳动力迁移的 logistic 离散模型及其稳定性分析[J].中国农村观察,2003,(2):45-49.

[12] 张少红.论区域人力资本与产业结构调整[J].东岳论丛,2004,25(2):170-173.

[13] 许彬,罗卫东.人力资本增长模型与经济增长方式的转变[J].浙江大学学报:人文社会科学版,1999,29(1):134-140.

[14] 杨小凯.新政治经济学与交易费用经济学[J].制度经济学研究,2005:158-164.

[15] 威廉姆森.资本主义经济制度[M].段毅才,王伟,译.北京:商务印书馆,2002:31,48-49.

[16] 道格拉斯·诺斯.西方世界的兴起[M].北京:华夏出版社,1999:14-20.

[17] N. 罗森堡,L. 小伯泽尔.西方致富之路——工业化国家的经济演变[M].上海:三联书店,1989:200-224.

第5章 中国产业发展模式理论研究(三):
产业发展模式的类型、优化及评价体系研究

5.1 产业发展模式的内涵和研究框架

5.1.1 产业发展模式的内涵

"发展首先是一种变化,这种变化的特点是,事物由小到大,由简到繁,由低级到高级,由旧质到新质的发展过程。"①这个定义包含了三方面的含义:第一,发展涉及时间,是一个时间概念;第二,发展不仅仅是一个量的概念,更重要的还是一个质的概念,即事物的发展并不完全是量上的积累,还是质上的跨越;第三,"发展还是一个有方向的过程,它指事物的上升过程"。② 本文认为一个产业消亡也是一种产业结构上的发展,是产业总体新陈代谢的表现,这有利于资源配置到新的产业中去,有利于生产力的发展和总体经济的发展。

产业发展与产业结构发展的含义范围不同,有一部分学者把单个产业发展和产业结构发展统一称为广义的产业发展;还有一部分研究把"产业结构"既看作是某个产业内部企业间的关系结构,也看作是各个产业之间的关系结构。国内著名学者苏东水的观点是,产业结构一词应该专指后者,即各产业之间的关系结构[1]。本文也是采用这个观点。实际上,前一个结构即企业之间的关系研究是产业组织理论的研究内容。本文研究的产业发展模式是指单个产业的发展模式。

本文认为,产业发展模式应该是回答"一个产业是怎样发展起来的,其发展过程呈现出什么样的特点"这两个问题,即产业发展的主要驱动因素和发展的规律特点。比如劳动密集型产业发展模式中,劳动力是这个产业发展的主

---

① 辞海[M].上海:上海辞书出版社,1999:729.

② 王杨,等.软件产业发展模式研究[M].北京:科学出版社,2009:30.

要驱动因素,而对于技术密集型的产业发展模式,技术是该产业发展的主要驱动力。这些分类从本质上指出了产业发展的主要驱动力。而经常出现的产业的集群发展、融合发展和发展的周期性,则是产业发展过程中表现出来的规律特点。所以,本文给产业发展模式所下的定义是:随着产业整体的发展,一个产业在其主要发展驱动力的作用下,所表现出来的发展特点和规律。

5.1.2　产业发展模式的研究框架

本书认为,产业发展模式是在研究产业发展的基础上,再总结出来的。而产业发展应该包含两个方面:首先是对产业发展过程的总体刻画,然后是研究其背后的作用机制和动力。通过对产业发展的这两个方面的探究,可总结出其发展模式,即在发展动力作用下的产业发展规律和特点。所以本书产业发展模式的研究框架包括以下三个方面:①产业发展的一般规律和具体行业的特殊规律;②相互作用机制、关键影响因素和推动发展动力;③产业发展模式的分类、绩效评价、模式优化研究。

研究产业发展模式的理论基础包括产业组织理论、产业集群理论和产业生命周期理论。单个产业发展的规律和趋势包括:在时间上,产业发展的阶段性规律体现为产业的生命周期;在空间上,产业发展的集合性规律体现为产业集群发展。而对产业发展动力的研究应该包括研究产业发展的作用机制和动力因素。

然后是对产业发展模式的类型、优化和评价体系研究。本书认为基于产业发展的驱动力对产业发展模式进行分类是比较合理的,符合本书分析过程和研究目的。事实上,很多学者提出的"政府主导型发展模式"或"市场主导型发展模式",已经用了这个划分标准,只是没有将其明确。

最后需要构建产业发展模式绩效评价的指标体系。这个指标体系可以用来对某个产业的纵向发展进行评价,也可以用来对不同国家、地区产业发展模式进行比较评价,并针对不足之处改进。

5.2　产业发展模式的类型及其意义

5.2.1　产业发展模式的类型

本书在第3章分析了市场需求、技术创新、自然资源、劳动力、制度、资本这六个产业驱动因素。根据不同产业发展模式的主要驱动因素不同,我们把产业发展模式分为要素驱动发展模式、投资驱动发展模式、创新驱动发展模式,其中要素驱动发展模式中的要素包括自然资源和劳动力要素。另外,还有市场驱动发展模式、制度(产业政策)驱动发展模式等。

要素驱动发展模式适用于工业发展初级阶段以及非常依赖自然资源的特殊产业。在产业发展的整个生命周期中,初期发展几乎离不开某些基本生产要素,例如农业和采掘业等,只有拥有丰富的自然资源、适宜的生长环境以及充足廉价的人力资源等,才能推进工业持续发展和壮大。但是要想保持这种模式的核心竞争力,必须采取低成本策略;产业发展所依赖的生产要素的成本只有处于业内较低水平,才能在价格竞争中处于优势地位。这种产业发展模式有个致命弱点——缺乏创造性技术,企业自身一般没有实力研发独立性技术,大多实行"拿来主义",采用投资商带来的技术,或者模仿其他企业的技术。如果长期这样任其发展,不注入新的驱动因素,这种单纯的产业模式就会面临被淘汰的风险。因为生产要素不可能一成不变,不可再生资源会逐渐减少甚至枯竭,劳动力成本逐年上升,低成本附加值的产业竞争力没有新的驱动因素来提升,这种发展模式下的产业必然会衰退甚至退出市场舞台。

投资驱动发展模式弥补了要素驱动发展模式的缺点,对带动产业快速成长有很大帮助。产业在发展初期依靠资源驱动进行原始积累,达到一定程度后,现有资源已经不能满足其持续发展和提升的需要,投资需求将会相应增强。一方面,企业着力于引进新技术或改良现有技术,为提高工作效率而将大量资金投资于现代化机器设备和厂房;另一方面,政府努力营造良好的宏观环境,打造更具时代性的基础设施,加强教育,提升人力资源水平,扶持产学研结合,提升业内水平。与要素驱动发展模式相比较,投资驱动发展模式下的产业具有一定的进入壁垒,有利于保持核心竞争力,能在更广泛的产业发展中取得优势。然而这种发展也有一定的缺点。虽然投资驱动因素具有强大的推动作用,但是仅靠这一点还不足以开发具有独创性的产品和流程,产品的标准化程度依然很高,在价格竞争中的优势不够明显,产品设计也迁就国外市场的需要,有些出口产业的产品甚至完全不能在国内销售。汽车零部件产业就是典型的例子。很多国外车上的零部件国内用不到,产品出口不内销。竞争优势主要体现在以下三类产业中:规模化产业;需大量廉价劳动力生产零件的资本密集型企业和标准化产业;不太注重售后服务技术、容易转移、产品和流程技术来源丰富的产业。在此类发展模式中,政府发挥着非常关键的作用,出台的产业政策有利于引导有限资本流入正确的产业,兴建高效的基础设施,扶持新企业打入国内市场,提倡企业家冒险精神,鼓励企业引进先进技术,支持产品出口等。政府是产业发展的先导,政府的政策导向直接决定了企业的发展方向,因而出台的政策应注重效率;决策流程具有纪律性和果断性,适用于长期规划发展,与产业发展相匹配。

创新驱动型发展模式是产业持续发展的动力源泉。结合上一章的论述,可以从数学方法的视角把创新看作一种构建新关系生产函数的过程,即打破原有的自变量和因变量关系,组建"新组合",投入生产体系中,以提升生产效率。创新理论的代表人物是熊彼特[2],他将这种新组合概括为五种方式:引进新产品,丰富产品集合;运用新技术,提高生产效率;开辟新市场,扩宽销售渠道;使用新材料,提升产品质量和性能;实现新组织,打造科学管理团队。创新是一种"内在的因素"的变动,因而,经济发展、产业升级和产业结构变迁是"来自内部自身创造性的关于经济生活的一种变动"。资本主义的经济发展由两个因素组成,是在循环往复的被动适应和能动革新综合作用下形成的,产业、资本和贸易结构都与之有一定的对应关系。其中,引进新产品、运用新技术和开辟新市场是决定产业结构的重要因素,运用新技术和实现新组织是改变产业资本结构的基本因素,开辟新市场和使用新材料是决定贸易结构的决定性因素。

5.2.2　产业发展模式分类的意义

根据核心驱动方式对产业发展模式进行分类,有利于我们思路清晰地选择产业升级模式和路径,在德国已经提出工业 4.0 的背景下,实现落后产业跨越式发展,成为"制造强国"。在经济新常态下,经济增长从追求数量转型注重质量。在过去的几十年中,GDP 年均增长速度 8%,主要是在要素驱动力作用下,资源得到充分利用。但是高消耗、高污染的传统工业化道路已经不能继续走下去了。一方面环境的承受能力不允许;而另一方面,很多资源是不可再生的,在粗放型增长方式的发展下,资源终究会有用完的一天,生产活动很有可能遇到瓶颈。为了解决这一难题,中国提出了新型工业化道路,其核心是提高自主创新的能力,把中国建设成创新型国家。这也是中国产业发展模式升级的核心思路。有些产业已具备一定的创新能力,提高了技术水平,还有的产业已冲入国际市场,但尽管如此,与发达国家相比我国产业还很落后,需要提高自主创新能力,从国际产业链的末端提升到前面去。因此,经济增长方式和产业发展模式由要素驱动型转向创新驱动型,就显得非常必要。

5.3　产业发展模式的优化和选择

产业发展模式的形成与发展是动态的变化过程,发展模式的选择受到很多因素的影响,例如资源的充裕程度、创新能力的大小、技术水平的高低和国际、政治环境等[3]。详细分析,可以分为以下三条:

(1)产业基础和经济发展水平。产业基础是产业模式发展的根基,可以即时提供资金、技术、劳动力等必备条件。任何一个产业都不可能凭空而起,总是要依赖一些现有资源,因而产业基础是模式选择的必要因素之一。此外,经济发展水平决定了生产要素和资源的使用情况、经济系统的聚合要求等,进而影响了比较优势;它是发展模式选择的依据之一,在不同的经济发展水平下,选择的发展模式也会不同。

(2)生产要素基础。生产要素是产业发展的物质基础,比如资本、自然资源、技术因素、人力资源、基础设施等。它与产业发展的匹配度几乎关系到企业的生存,也是树立竞争优势的关键点,并且生产要素能否被高效使用也很重要。

(3)市场与政策环境。市场规模的大小与产业的潜在发展空间和产业的市场定位有很大关系,规模范围决定了产业所能涉及的领域。政府在产业发展中扮演着导向性作用,是强大的后盾力量,能够调节资源配置和生产要素供给,甚至带领产业跨越式发展;模式选择只有顺应政策引导,才能得到政策保护。这一点几乎全世界都达成共识,政府对其重点产业的发展都进行了政策扶持,尤其是日、美等发达国家。

综上所述,产业发展模式的选择是产业外部条件与内部因素发生变化而共同作用的结果。当产业内部的影响因素状态发生变化或外部的影响因素发生变化时,都会导致产业优势与社会分工中角色发生变化,因此产业发展模式中的驱动要素的状态也会随之调整,以适应新的发展需求,发展呈现出的不同特点导致发展模式必须作出调整。选择发展模式要基于当地的现实情况,最好的不一定就是最合适的,所以要充分考虑匹配性和可行性。

虽然很多学者都认为产业发展模式的选择受到前面提到的各种因素的影响,但不同约束条件下的产业发展模式无法比较好坏,不能说以大企业为主的发展模式就一定比以小企业为主的发展模式好,以外资为主的发展模式就一定比以内资为主的发展模式好。产业发展模式其本身没有好坏差别,但一个国家是否选择与国情相适应的发展模式则有优劣之分,只有与国情相适应,充分结合国家自身优势,借力于宏观大环境,才是好的发展模式。在一定程度上可以通过产业在各个阶段的发展绩效来对产业发展模式进行评价。

5.4 产业发展模式评价指标体系

以单个产业的发展模式为例,以产业发展的生命周期为时间轴,分别构建各个阶段的评价指标库,形成产业发展模式评价指标体系,以此为依据和标准,对产业发展现状做出综合评价。

本书第3章针对产业发展生命周期各个阶段进行了详细分析。从产业特征和产业发展各阶段关键影响因素两个方面展开剖析。在产业发展周期的不同阶段,产业的规模、利润和风险、市场的结构、技术发展水平及产品创新程度等也各不相同,就像我们在第4章分析的那样,各阶段影响产业发展的关键因素也必然是不相同的。以上这些因素都是构建指标体系时必须考虑的问题,是重要的参考依据。根据指标体系的构建框架和指标体系构建目标与原则,我们主要参考了杜莉[4]的指标体系设计,对其指标作了小幅度的调整和修改。

以单个产业发展为对象,从产业发展的整个生命周期来看,三个不同阶段的产业无论是数量(规模),还是质量(技术、效益),都存在一定程度的不足,需要改进和提升,特别是在转型阶段。而滑落至衰退期的产业发展后劲不足,一般会明智退出或者转移,也可以通过技术创新来起死回生,大多数发展情况不稳定,因而不在本文产业发展绩效评价考察范围内。所以本研究的指标体系只针对产业发展的三个阶段:形成期、成长期和成熟期。

(1)产业形成期

产业形成期是企业进行原始积累的时期,影响其发展的关键因素按照重要程度排列,依次是技术创新、市场需求、资源(自然资源,劳动力和资本)和企业,其中,技术创新是产业形成期的首要发展目标。本文从科研水平、市场绩效、产业实力和资源投入4方面,共构建14个指标,形成产业发展绩效评价指标体系;前两个方面处于主要地位,后两个方面则处于较次地位(表5-1)。

表5-1 产业形成期评价指标

评价内容	评价指标	指标说明
科研水平(产业科研水平是产业技术创新与应变能力的重要决定因素,同时也是产业形成期的首要关键影响因素)	科研人员比例	产业拥有的科研人员数占该产业全部从业人员数比重。该指标衡量产业技术创新和技术发展能力的人力资源投入状况
		科研人员比例=科研人员数/全部从业人员数×100%
	科研活动经费比例	产业投入科研活动经费占该产业产品销售收入比重。这个指标反映了科研活动的资本投入的强度;一般地,可以认为经费投入的比重越大,产业的科研水平就越高
		科研活动经费比例=科研活动经费/产品销售收入×100%
	新产品产值率	该产业新产品产值占产业总产值的比重。它反映了产业技术创新的产出
		新产品产值率(%)=(新产品产值/产业总产值)×100%
	公开专利数量	它是反映一个产业技术创新和科研活跃程度的重要指标
市场绩效(产业市场绩效是产业市场地位的集中体现,反映了产业组织的市场绩效水平)	成本费用利润率	每付出一元成本费用可以获得多少利润产品销售收入
		成本费用利润率=利润总额/成本费用总额×100%
	主营业务收入	它反映了产业产品的市场规模和营销能力
	市场占有率	衡量该产业在全国范围内所占市场份额。它是体现产业市场扩张能力的指标
		市场占有率=产业产品销售/全国相应产业产品销售收入×100%
产业实力(用来综合衡量产业发展的规模水平、生产能力和生产效率的,即产业的综合实力。产业实力既可以选择经济问题指标来反映,也可以用平均指标反映产业实力度的强度)	产业总产值	工业总产值是以货币表现的、在报告期内生产的最终产品的价值总和。这是反映某个地区或国家的某个产业经济实力通常要采用的指标
	产业人均资本投入	它是反映产业资产规模的指标。它还可以从侧面反映同产业的人均装备水平
		产业人均资产投入=(固定资产净值年均余额+流动资产年均余额)/全部从业人员年平均人数
	企业平均规模	考察单位企业的销售收入状况,是考察产业内企业实力强弱的一个重要方面,反映出了产业内企业的规模水平,从而也体现了该产业的实力
	全员劳动生产率	根据产品的价值量指标来计算的平均每位职工在单位时间内的产品生产量,反映了企业的生产效率和劳动投入的经济效益。这是考核企业经济活动的重要指标,也是企业生产技术水平、经营管理水平、职工的技术熟练程度以及劳动积极性的综合体现。一般用平均每人一年创造的工业增加值来表示
		全员劳动生产率(元/(人·年))=工业增加值/部分从业人员年平均人数
资源投入	资产总额	包括固定资产和流动资产,反映了产业资本资源的投入规模
	从业人员数	它反映了产业人力资源(劳动力)的投入规模

续表

评价内容	评价指标	指标说明
资源投入	人均自然资源占有量	它反映了产业所在地区的自然资源状况。可根据产业的生产过程和产业特点来选择具体要考察的自然资源

（2）产业成长期

产业成长期的重点影响因素不同，可以从产业规模、产业效益、技术水平、增长能力和市场绩效这 5 方面共构建 18 个指标，组成这一阶段的评价指标体系（表 5-2）。受关键因素的影响，指标选取要考虑产业规模和产业效益两方面。另外，成长期的产业需在以前基础上向前大迈一步，进行全面提升，发展目标以规模扩张为主，因而反映产业增长能力的指标也是必不可少的。

表 5-2　产业成长期评价指标

评价内容	评价指标	指标说明
产业规模	工业总产值	反映该产业的生产规模
	资产总计	反映该产业的资产规模
	从业人员数	反映该产业的人力资本规模
	产业人均资本投入	反映产业资产规模。它还可以从侧面反映出产业的人均装备水平
	企业平均规模	反映产业内企业的平均规模水平。它是用单位企业销售收入状况来衡量的，是考察产业内企业实力强弱的重要方面
产业效益（一定程度上反映了产业发展的效率与获利能力，也体现了产业内的企业运营水平）	全员劳动生产	从劳动生产效率与资金周转速度四个方面反映了该产业效益水平
	成本费用利润率	反映了产业生产成本运作效率，即产业投入生产成本和费用的经济效益，也反映了企业降低成本所取得的时间效益。成本费用总额是产品销售成本、销售费用、管理费用和财务费用之和。计算公式同表 5-1 所示
	资金利税率	反映了产业资产动作效率。每单位资产所提供的利润税金额，是考察与评价企业资金运用的经济效益，分析资金投入效果和盈利能力的主要分析指标。资金利税率是产业在一定时期内已实现的利润和税金总额与同期资产（固定资产净值与流动资产平均余额）之比
		资金利税率＝利税总额/（固定资产净值年均余额＋流动资产年均余额）×100%
	流动资产周转次数	反映流动资产的周转速度。一般地，流动资产的周转速度越快，产业流动资产运营效率就越高，获利能力越强，从而产业的发展绩效也就越好

评价内容	评价指标	指标说明
技术水平	公开专利申请数量	产业技术创新与应变能力的重要决定因素
市场绩效	产品销售收入	反映了该产业内企业的市场绩效水平
	市场占有率	一个产业市场地位的集中体现
产业增长能力	产业总产值增长率	反映产业的规模扩张能力
	企业数增长率	反映产业的市场结构
	从业人员增长率	反映产业的人力资源投入增长
	资产总计增长率	反映产业的资本资源投入增长
	产业利税增长率	反映产业的效益提升
	产品销售收入增长率	反映产业的市场需求增长

（3）产业成熟期

与成长期产业相比,成熟期产业的发展目标从对外扩张转向产业内部调整。资源在此阶段得到充分利用,不再与以前一样供大于求。此时需要节省资源和减少污染,在维持可持续发展的前提下,实现经济效益最大化。在这一阶段,影响产业发展的关键因素相对较少,只有企业、市场和资源。鉴于以上各种因素,成熟期的产业评价指标体系从产业实力、产业效益、可持续性和市场绩效 4 方面共选取 17 个指标,并且以衡量质量的指标为主(表 5-3)。

产业实力指标是考察产业综合实力的指标,主要衡量产业发展的规模水平、生产能力和效率。本文选取了 4 个具体指标来衡量产业实力:产业总产值、人均资产投入、平均规模和劳动生产率。

产业效益指标主要衡量产业负债水平、盈利和资金周转能力等与财务有关的状况,是企业运营水平、投资获利能力、经济效益和领导管理能力的综合体现。这里选取了 6 个具体指标:资金利税率、主营业务利润率、成本费用利润率、总资产周转次数、流动资产周转次数、资产负债率[5]。

市场绩效衡量指标同上节。

可持续性指标集中体现产业的可持续发展能力,反映产业资源的利用效率,检验其对环境造成的影响。本文选取了 5 个具体指标:单位产值能源消耗强度、人均自然资源占有量、单位产值废气排放量、单位产值废水排放量以及单位产值固体废物产生量。

表 5-3　产业成熟期评价指标

评价内容	评价指标	指标说明
产业实力	产业总产值	反映产出规模
	产业人均资产投入	反映资产规模与产业生产装备水平
	企业平均规模	考察了单位企业销售收入状况,是考察产业内的企业实力强弱的一个重要方面,也反映出产业内企业的规模水平
	全员劳动生产率	反映了企业的生产效率与劳动投入的经济效益,是反映企业经济活动的重要指标,同时也是企业生产技术水平、经营管理水平、职工技术熟练程度和劳动积极性的综合体现
产业效益	产值利税率	报告期已实现利润和税金总额(包括利润总额和产品销售税金以及附加和应交增值税)占同期全部产业总产值百分比。它反映了产业的生产收益能力
		产值利税率＝利税总额/产业总产值×100%
	主营业务利润率	反映了产业的主营业务或者产品销售的收益能力,一般用每百元的主营业务收入或者产品销售收入所实现的利润来表示
		主营业务利润率＝主营业务利润/主营业务收入净额×100%
	成本费用利润率	同表 5-1
	总资产周转率	反映总资产的周转速度
		总资产周转率＝主营业务收入/平均资产余额×100%
	流动资产周转次数	反映流动资产的周转速度。一般地,流动资产周转速度越快,产业流动资产运营效率越高
		流动资产周转次数＝主营业务收入/流动资产年均余额
	资产负债率	负债总额和资产总额的比率。它表明了企业资产中有多少是债务,同时可以用来检查企业财务状况是否稳定,也能反映出产业内企业的财务风险与资产运营风险
		资产负债率＝负债总额/资产总额×100%
市场绩效	产品销售收入	同表 5-2
	市场占有率	同表 5-1
可持续性	人均自然资源占有量	反映了产业所在地区或国家的自然资源状况。可根据产业的生产过程和产业特点来选择具体要考察的自然资源
	单位产值能源消耗强度	即每单位产出的能源耗费量,衡量了产业在生产过程中能源利用效率
	单位产值废水排放量	衡量产业在生产过程中每单位产值所造成的工业三废(废水、废气和废渣)的排放量,反映了产业生产过程对环境造成的污染程度
	单位产值废气排放量	
	单位产值固体废物产生量	

参考文献

[1] 苏东水.产业经济学[M].北京:高等教育出版社,2000:474.

[2] 熊彼特.经济发展理论[M].邹建平,译.北京:中国画报出版社,2012:50-55.

[3] 王阿娜.中国民用飞机产业:发展模式的选择[J].宏观经济研究,2012(1):47-53.

[4] 杜莉.产业发展规划中的评价指标体系研究[D].硕士学位论文,大连理工大学,2007:8-39.

[5] 周新生.产业分析与产业策划:方法及应用[M].北京:经济管理出版社,2005:159-253.

第6章 中国汽车零部件产业发展模式分析(一)：产业发展特征、趋势和发展规律分析

6.1 当代中国汽车零部件产业发展特征及趋势

6.1.1 发展特征

1.总量上发展较快

首先汽车零部件产业总量上发展较快。"十一五"以来,中国汽车产业取得了快速发展。根据中国汽车工业协会统计,2011年中国汽车产销量双双超过1800万辆,其中生产量为1841.89万辆,同比增长0.8%;销售1850.51万辆,同比增长2.5%。2012年前四个月中国汽车产量为643.19万辆,销量为641.75万辆。

图6-1是世界和中国历年汽车产量趋势图,从中可以看出世界近十几年来汽车产业不断发展,全球汽车总产量由2001年的5630万辆增长到2011年的8010万辆。2008年,由于受全球金融危机的影响,产量有所下降,但是从2009年以后,恢复了增长的趋势。中国的汽车产业发展较快,占全球产量的比例不断攀升,从2001年占全球4.1%的比例增长为2011年的23.1%。随着中国汽车工业的迅猛发展,零部件产业也迅速崛起,在汽车制造业中的比重逐渐增加。汽车市场良好的产销状况是汽车零部件产业发展的原动力。

伴随着汽车行业的持续发展变化,像德尔福、博世、伟世通、电装、江森、李尔等世界知名零部件供应商正通过其全球合作关系和制造体系,进入中国汽车零部件市场,现在几乎都在中国建立了合资或独资企业。

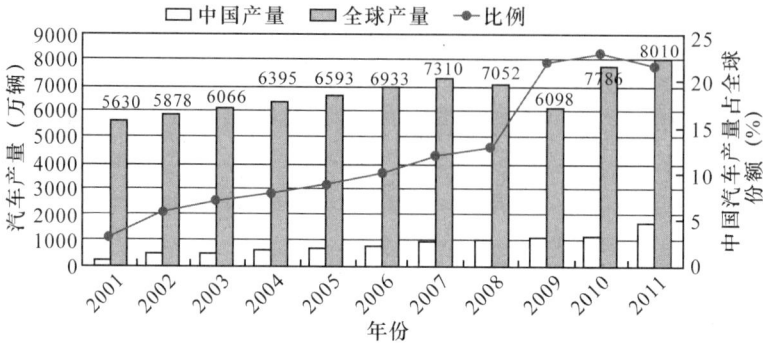

图 6-1 世界及中国历年汽车产量及中国所占份额

数据来源：根据汽车工业协会数据统计分析得出

其次,汽车零部件产业在国民经济中的地位越来越重要。根据国家统计局相关数据分析,中国汽车零部件产业工业总产值从 2001 年的 1365 亿元增长到 2011 年的 20155 亿元,增长了将近 15 倍(图 6-2)。

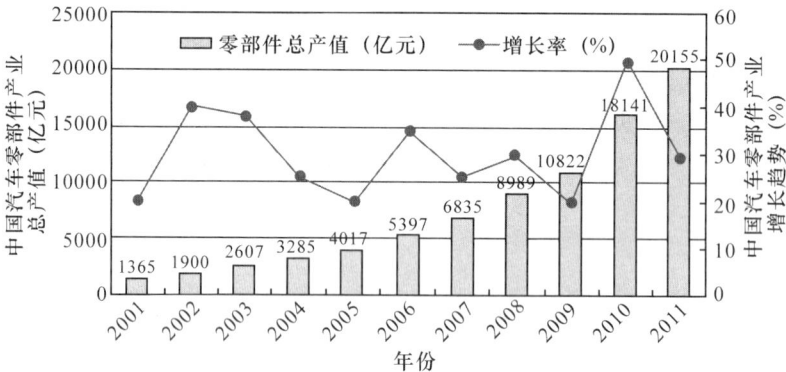

图 6-2 2001—2011 年我国汽车零部件产业总产值及增长趋势

数据来源：根据国家统计局相关数据统计分析得出

截至 2011 年年底,全国纳入统计的共有 11025 家汽车零部件企业,实现销售收入为 18905 亿元,利润总额为 1399 亿元。这将进一步带动汽车整车、汽车零部件在制造等相关行业和领域的发展。

2001—2011 年我国汽车零部件及配件制造业发展稳定增长,工业总产值占 GDP 的比重逐年上升。2001 年该行业工业总产值占 GDP 比重为 1.43%;2006 年和 2007 年分别达到了 2.58% 和 2.77%;2010 年和 2011 年汽车零部件行业工业产值占 GDP 的比重达到了 4.02% 和 4.27%(图 6-3)。可见,汽车零部件及配件制造业在我国国民经济中占有很重要的地位。

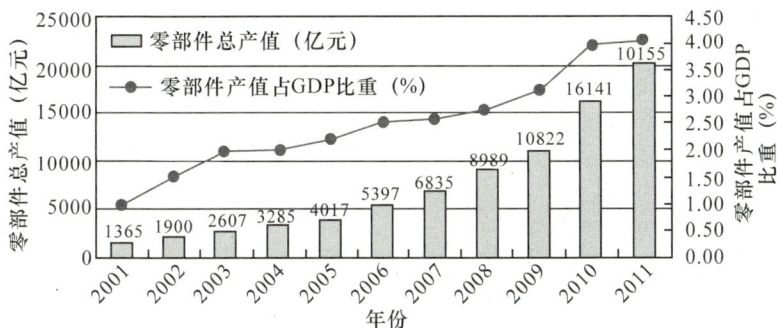

图6-3　中国汽车零部件产业总产值及其占GDP比重

2.发展质量不足

(1)技术缺乏

中国制造业真正起步于20世纪80年代初,经过30多年的发展,技术水平已经有了很大提升,在全球的地位逐渐得到改善。由于中国的具体国情以及主要采用低成本战略,产品质量处于中上及中下档,中国已成为多个产业的全球制造中心。由于在技术研发方面存在短板,中国制造业企业的技术水平一直无法达到全球领先地位。

以汽车零部件产业为例,中国在高端技术领域与世界领先水平的差距不减反增。由于中国有充裕的廉价劳动力和广博的资源,本土汽车零部件企业主要是劳动密集型企业和来料加工型企业,生产成本低、风险小,产品技术含量低,而技术含量较高的产品只能从世界大型汽车零部件供应商进口。这样的情况长期得不到改善,导致了中国汽车零部件供应商对国外供应商依赖程度非常大,而且大部分还只是停留在模仿阶段。

在全球竞争逐渐加剧的情况下,中国大部分零部件制造企业要想在全球配套市场中挣得一席之地,仅靠低成本策略是不能持久的,最关键的还是要提升技术开发能力。中国零部件企业因为没有强的技术开发能力,距离成为世界配套供应商的目标还很远。中国的零部件企业在研发的投入、技术人才的培养和引进、先进技术的引进方面都做得还不够。特别是一些生产顶级零部件的技术,还需要政府介入,与企业一起努力,共同研究突破的可行性方案。

(2)管理问题

管理问题是中国汽车零部件企业的一个明显短板。没有好的管理水平,即使用全球一流的设备和一流的技术,也生产不出世界一流的产品。中国本土零部件企业既缺乏科学的管理理念和管理文化,也缺乏有经验和有国际化视角的管理人才,总体管理水平较低。中国的汽车零部件也在参与着国际化竞争,而在这个过程中,国际化管理水平是首先要具备的。与国外先进的管理相比,中国本土零部件企业采用的都是一些"土办法",无论工作方法还是思维模式上都比较封闭,而对于质量管理、供应链管理、电子商务等缺乏足够认识,总是用原有的办法和思维来处理已上升至国际供应链的竞争问题,必然事倍功半。

(3)企业规模小

中国的汽车零部件企业在配套市场始终处于不利的地位,与其规模小也有很大关系。纵观国际市场的一级供应商,企业规模一般较大,实力雄厚,并且还有以下的特点:主要市场以一级配套为主,配有售后服务市场;产品组合丰富多样,可以满足多元化的客户需求;产品的生产技术在某些领域达到全球领先水平;国际化程度较高,一般拥有全球范围的销售、生产和采购网络等。

中国本土零部件企业大多规模较小,产品品种有限,除此之外还有一些其他特征:企业目标市场结构单一,未实现多元化市场结构,有些企业定位于配套市场,有些企业定位于售后市场,但都没有真正走向国际化,产品延伸触角有限,只能做到产品出口,离全球销售和全球制造还很远;而出口市场的企业处于贴牌的阶段,技术研发能力跟不上全球领先水平,在一级配套市场上几乎没有本土企业能凭借技术站住脚;没有可以完全信任的全球主机厂伙伴以形成稳定的合作关系,即使有一些中国企业能为很多国际品牌的主机厂配套,甚至出口,一旦有其他竞争者出现,买家就会在利益驱使下另投他主。纵观德尔福、电装、爱信、玛瑞利等企业近些年的发展,不难发现,它们都有实力雄厚的主机厂伙伴这样的强力后盾。而中国要做到这一点,还存在巨大挑战。

(4)市场被边缘化

中国强大的消费市场一直是国外企业必争之地。据资料显示,五千多家上规模的汽车零部件企业中,外资企业占 24%。众所周知,跨国企业在很多方面处于国际领先水平,尤其是能力与经验;多年成功交易使他们在系统开发与模块供货、整车企业同步开发新车型等活动中积累出丰富经验,培养了很多业内精英人士。世界汽车工业经过一百多年的发展,形成"6+3"产业阵容,由大公司掌控局面,低端产品业务被分离出去,主要经营高端产品,例如车桥、发动机、制动等,这些企业资金雄厚、技术过硬,一旦打入中国市场,能迅速站稳脚跟。

据资料显示,在行业本领域,国内内资汽车零部件企业的销售收入仅占 1/5～1/4,占据的市场份额有限,持续发展后劲不足。如图 6-4 所示,2011 年汽车零部件制造业中,外商与港澳台企业所占份额约为 50%,国有企业约为 10%,股份制企业 11%,私营企业为 15%,其他企业为 14%。究其原因,可以从研发投入占销售收入的比重上看出端倪,内资企业是 0.6% 左右,而跨国公司达到 7%～10%,内资企业明显滞后,研发能力弱,直接拖后了技术创新能力。

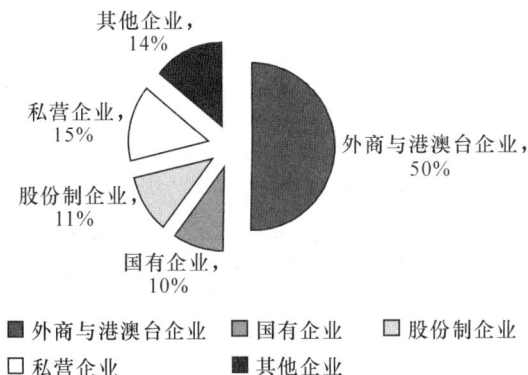

图6-4　2011 年我国不同所有制企业销售收入分布图

数据来源:国家统计局网站

2001 年中国加入世界贸易组织,像扩大出口、引进外资等一系列政策随之出台,国外大型汽车零部件制造商拥有了更多主导权。政策放松后,以前未能如愿的外企通过收购等方式趁机进驻中国,而早已进入中国的企业趁机扩大经营范围,加大了出资比例。由于生态环境每况愈下,政府 2005 年出台了《构成整车特征的汽车零部件进口管理办法》,政府开始重视环境保护,提倡绿色生产和绿色使用,加大技术法规力度约束各制造商,技术标准提升至与欧美日等发达国家差不多。对此,国内制造企业一筹莫展,而这对于国外零部件供应商无疑是天大的利好消息,它们争相加快在华投资力度,大量高端技术产品涌进中国市场,很多外资主机厂和零部件企业进驻中国。比如博格华纳在宁波投产涡轮增压工厂,2005 年成立独资公司;大众汽车继在大连独资设立自动变速器工厂后,又在天津新建变速箱总成工厂等。

跨国企业的产业发展环节主要有采购、研发、制造和销售。为降低运作成本,采购这一环节逐渐走向本土化。根据相关资料研究本土化程度这一指标发现,整车厂比零部件企业低很多。外资企业进驻中国,虽然给中国带来了商机,但是它们毕竟是以强者姿势进来,占据了大部分的高技术产品市场份额,本土化企业面临很大挑战。

6.1.2 发展趋势

1.组织发展趋势

(1)汽车集团兼并重组的步伐加快

早在20世纪80年代末,世界汽车工业就发生重大变化,掀起兼并重组的浪潮。20世纪90年代以后,这股浪潮愈演愈烈。1980年,全球有实力的汽车厂有30家,到了1998年减少了12家,只有18家汽车厂没有遭遇被兼并的命运。这些企业在兼并后规模扩大,实力增强,总产量占全球汽车产量的90%以上。而汽车零部件企业也不甘落后,不断上演资产重组,同一时期世界汽车零部件企业数量从1998年的30000家缩减到1988年的不足10000家[1]。

中国汽车零部件企业未来走势如何,全世界都在关注。曾经有一个有趣的预言:一家国际著名公司指出,2010年前约70%的企业将被并购。事实上在近5年里,中国供应商的数量不减反增。

但是这个现象并不否定中国汽车零部件产业的兼并和重组的趋势。一个供应市场从过于分散到集中是必然的过程。中国企业的数量在增加的原因是中国市场还不够成熟稳定,在较长一段时期内,配套市场和售后市场的规模都将持续量的增长,以达到规模效应。对于增量市场,扩大市场份额很重要,并且,市场发展空间较大,企业一般会增加产能或建新厂,培养竞争优势;而在成熟稳定市场中,才会出现兼并重组行为。在增量市场中,产能增加到一定程度肯定会达到饱和,为了持续发展,只能进行局部修正,采取市场内部结构调整的措施。虽然我国零部件市场还没有从增量市场转型到成熟稳定市场,但在产业发展到成熟市场后,必然会出现兼并重组。

(2)零整关系从依附转向竞争合作

中国汽车工业的零整关系基本是零部件企业依附于整车企业。将零部件企业分为多个层次,其环状结构就像一个箭靶,从靶心往外环依次延伸为整车生产企业、核心零部件企业、骨干零部件企业、协作企业。整车企业位于靶中心,处于最核心地位;第一层外环是核心零部件企业,如直属专业厂和全资子公司,没有自主经营权,被整车企业完全控制;第二层是骨干层企业,有独立法人资格,不像核心零部件企业那样被严格掌控,只需生产活动与整车企业的部署保持一致即可;第三层是协作企业,只是与整车企业进行交易,为它提供零部件,也从它那里购买产品。值得指出的是,市场经济竞争日益加剧,这种零整的依附关系导致了零部件产业竞争不足,不能达到规模经济,成本居高不下,产业竞争力无法培养。这种按某个整车系统配套的体系正在被打破。

从马斯洛需要层次理论可以看出,人的需求是不断提升的。顾客对于产品的要求也一样,汽车理念的内容逐渐丰富,不管是个性化还是多样化,都需要技术创新能力来提升产品的科技含量,这需要耗费大量的研发成本。汽车零部件供应商对整车企业日益升高的要求应接不暇,为了适应当前发展趋势,原来的零整依附关系被打破,渐渐形成竞争合作关系。为降低成本,整车企业在全球范围内择优采购,而零部件企业从汽车企业中剥离出来,把产品销向全球;两者相互独立的经营模式,加强了彼此的专业化分工程度,促进了两者的合作,形成优势互补。整车企业将生产和研发任务分出去给零部件企业,致力于整车开发、装配技术、动力总成的开发和生产,而零部件企业专注于专业化生产基础上的大规模生产。从以上的分析可以看出,两者的关系也从依附关系转向了竞争合作的关系。中国的汽车零部件产业的零整关系也是不可避免地朝这个趋势发展。

(3)汽车零部件的采购、生产和服务的全球化

在过去的几十年中,汽车工业经历了从传统生产模式向专业化生产模式的历史性变革,以通用、福特、克莱斯勒为首的美国三大汽车公司,其整车制造企业原本采用的是纵向经营模式,经营目标是大规模生产,产品品种多样化,后来改变经营模式,缩减机构,走向专业化生产,专门研究开发整车。各大汽车公司扩大生产规模的同时,实行精益化生产,汽车零部件自制率降低,大多实行外包,开始实行在全球范围内择优采购。

由于劳动力成本是汽车零部件成本的重要组成部分,而发展中国家劳动力成本低,备受零部件厂商的青睐。为了保持收益,整车厂把成本压力转给各汽车零部件制造商,建立新的全球供应链,而汽车零部件制造商扩大发展全球供应链范围,在发展中国家建厂生产汽车零部件,以节省很大一部分人工成本。而且同时,汽车零部件生产和服务全球化、汽车产品市场全球化和生产全球化,使得全球零部件产业链也随之发生变动。汽车零部件的全球择优采购、全球生产与服务给汽车零部件制造商带来挑战的同时,也提供了很多赢利的机遇。

2.技术发展趋势

(1)通用化

通用化是未来零部件企业发展的一大趋势。为了满足汽车产品多样化需求,增强其独特性,产品不再过分注重数量的多少,而是贵在标新立异,能够吸引客户,于是,厂商花大量资金投注于研发新产品,为抢占市场先机,不得不加快研发速度,缩短新产品开发周期。虽然这些可以为企业带来巨额利润,同样也带来了沉重负担,经济压力很大,管理也更加复杂化,这就需要平台化战略来解决这一难题。

零部件市场资源分配不均,企业单车型研发成本高,而平台化战略的出现使得生产方式转向系统化和供用化,促进了零部件产品的多元化利用。通过搭建零部件共享平台,集合供应商的产品,实现通用化,可以吸引各种需求的采购方,消费拉动需求;同一型号的零部件需求增多,推动零部件大批量生产,研发压力转移到了零部件企业,整车企业只需在系统中寻到自己想要的零部件型号,组合成性能不同、款式不同的车型即可,大大降低了研发费用,缩短了产品更新周期。这是平台化战略的目的之一。此外,借助通用零部件较大规模生产,有利于零部件模块化生产,实现规模经济效应,降低生产成本[2]。

一方面要节省成本,另一方面要提升产品科技含量,本是相互矛盾的,但平台化战略的提出化解了这一矛盾,使两者共存,既满足客户多样化需求,又达到理想的规模效应和经济效应。国外的汽车工业已经普遍采用平台化战略,像大众、福特、丰田等各大汽车企业便是如此,并将其不断优化。我国的汽车零部件不管是主机配套还是贴牌出口,或者是售后市场,都已经融入国际汽车产业链中,所以中国的汽车零部件也将朝通用化趋势发展。

(2)模块化

模块化思想几乎贯穿汽车制造的全过程,主要是将分散的汽车零部件集合成功能模块,划分不同区域,进行系统管理。在模块化生产方式下,整车设计分成几十个大模块,汽车技术创新的重任转移到零部件供应商,原来由整车厂负责的产品开发和模块组装工作也由零部件企业接替,并且在开发的早期阶段就参与进来;整车厂是从零部件开始做起,整个过程耗费时间长,不经济,而大规模定制生产方式则简单很多,只需把相应模块组装起来就可以了,零部件厂组装功能模块这一作用相当于整车制造商的分装车间。模块化生产方式赋予了零部件供应商的重要角色,对其要求也提高了很多,只有能胜任的供应商才会继续发展下去,这样就相应控制了供应商数量;经简化优化的整车步骤,加快了库存产品的使用率,提高了实现适时供货(JIT)的可能性,管理费用也减少很多;采购内容也简单化,从以前的批量零件转向整个配套系统[3]。

模块供应商在模块化生产的驱使下,不断提升自身能力,必须兼具制造、系统模块设计和物流协管能力,与整车制造商在开发、制造和服务方面的合作也不断增加,尤其是规模大、能力强的供应商,与主机厂的合作更加紧密。为区别原来一级供应商的概念,凸显模块供应商的核心作用,世界汽车工业领域随之出现了"0.5"级供应商的称谓。

(3) 产品和生产的智能化

汽车工业往往靠机械技术创造附加值,但随着时代发展,汽车零部件产品走向电子化和智能化。汽车工业发达的国家早已开始挖掘这方面的潜力,借助汽车电子技术改良发动机、底盘、车身控制等零部件产品,使整车更加快速、平稳、安全、经济、舒适等。汽车内部构造中的电子化产品越来越多,技术要求逐渐提升,汽车的附加价值也随之提高。

据有关资料显示,从 20 世纪 80 年代末期开始,汽车电子产品占整车价值的比例逐年上升,已经从 5% 上升到 25% 以上,汽车产品电子化无疑是未来发展的一大趋势;像 ABS、发动机、智能交通系统等这些对智能化要求高的产品,将是汽车产品电子化研发的重点。

2011 年,德国政府基于制造立国和制造强国的理念,提出了工业 4.0 战略,其目的是支持工业领域新一代革命性技术的研发与创新,在关键性工业技术领域取得国际领先地位,提高德国工业的竞争力。工业 4.0 建立在美国国家基金会科学家 Helen Gill 提出的信息物理融合系统(CPS)的基础之上,基本特征是信息技术和制造技术的深度融合,强调物理过程与信息间的反馈,构建智能工厂,实施柔性的和模块化的生产过程。德国技术科学家提出的工业 4.0 的创举是,他们基于制造立国和制造强国的理念,首次如此清晰地把 CPS 运用于生产制造,提出构建智能工厂(也叫智慧工厂或者数字化工厂),即在生产制造过程中,与设计、开发、生产有关的所有数据将通过传感器采集并进行分析,形成可自律操作的智能生产系统。这将给包括汽车零部件产业在内的制造业带来重大影响。

(4) 产品环保化

随着汽车使用的普遍化,汽车尾气成为影响环保的一大因素,改善这一情况,将是未来汽车产品的发展重心。从汽车发动装置的工作原理来看,汽车中关系到环保因素的零部件主要是燃油系统;要达到低污染、高效率的要求,就得把重点放在高压喷油器、燃油管等一系列产品。在燃料使用上,世界各大汽车企业都纷纷展开"绿色汽车"的研究,致力于解决燃料问题;在原材料选用上,为减少燃料消耗,可以开发零部件的新型替代材料;在材料再生利用上,可以二次使用汽车报废后性能良好的零部件材料。

6.2 中国汽车零部件产业的生命周期分析

本书在第 3 章从理论上论述了产业生命周期发展规律,一般单个产业的发展要经历形成、成长、成熟和衰退四个阶段。在这里本书将根据第 3 章对产业生命周期四个阶段的变量特征论述以及判读产业生命周期的定量方法对中国汽车零部件产业生命周期所处的阶段进行分析。

根据汽车零部件产业的特点以及数据的可得性,这里选择市场增长性、产业的销售额和利润率、企业数量以及技术创新作为衡量产业生命周期的特征变量。在产业生命周期的不同阶段,这些特征变量的变化规律整理归纳如表 6-1 所示。

表 6-1 产业生命周期特征变量分析表

阶段	市场增长性	销售额	利润率	企业数量	技术创新
形成期	较高	较少,增长较慢	为负	较少	较大
成长期	很高	快速增长	盈利并快速增长	增多	渐趋稳定
成熟期	不高	继续增长达到峰值	达到峰值并开始下降	趋于稳定	较少
衰退期	下降	下降	下降	减少	较少

6.2.1 中国汽车零部件市场增长性分析

从市场需求增长性来看,决定汽车零部件需求的因素主要有汽车保有量水平、汽车购买增长速度以及国际市场的部分需求。

一方面,消费增长的速度是由与经济发达程度相关的决定购买力和消费者的购买意愿决定的。虽然从目前存量来看,中国单位经济总量对应的汽车保有量水平和其他国家相比处于偏低的位置,但是,中国的 GDP 增速要明显快于其他国家,所以经济增长对保有量增长的推动也将会强于其他国家。就中国当前的经济发展阶段而言,汽车消费对经济的重要性要远高于经历过汽车消费快速增长而已经达到饱和的发达国家,这说明了现阶段是居民消费意愿较强的阶段，也是中国的汽车行业处于保有量水平偏低而销量快速增长的阶段。

　　同时，从汽车销量占保有量比重这个指标来看，由于保有量偏低，在过去几年该指标还处于不断上升阶段。尽管随着保有量的增加，未来汽车销量占保有量的比重指标会出现逐渐回落，即到了中国市场趋于成熟的时候，每年销量更多只是对现有存量的更新，销量占保有量的比例将趋于稳定。但是这还要一个很长的周期。因为目前中国该指标还处于 22％ 的高位，参照日韩的逐渐回落至 7％ 左右的稳定水平经验值，这需要一个较长的过程，而这一过程也是汽车销量处于快速增长期的过程。

　　从国际市场来看，我国已经经历了出口快速增长的阶段，由于汇率的变化和劳动力成本的上升，不利于出口的增长。同时，我国汽车产业进入自主创新加快发展的重要机遇期。由于技术上的改进可提高零部件产品的性价比，其国际竞争力也能得到大幅提高，所以可以预测到出口市场将趋于稳定。

　　综上所述，由于国内汽车市场的快速发展和出口市场的稳定发展，中国汽车零部件市场的增长处于快速发展的阶段。从这个特征变量来说，中国汽车零部件处于产业生命周期的成长期。

6.2.2　中国汽车零部件市场的销售额和利润率分析

（1）销售额分析

　　就目前中国的发展情况看，汽车零部件市场主要由三部分组成，即配套市场、售后市场和出口市场。近十年来，这三个市场的销售额不断提高，销售收入快速增长。随着我国整车企业的市场扩张和销售量的上升，配套市场的份额和销售量稳步上升。而售后市场由于是车辆使用后正常保养和维护所产生的市场需求，和车辆销售有一定的时滞，启动比较慢，但是只要汽车保有量增加，售后市场销售额的增长是迟早的事情，而且随着车辆老化和使用年限增长，这个市场将会越来越大。出口市场在这十年中虽然由于国内外的因素影响有一定的波动，但是总体上销售额取得了长足的发展。图 6-5 反映了中国汽车零部件 2001—2011 年的销售增长情况。

　　从图 6-5 中可以看出，中国汽车零部件产业销售收入在 2002 年增长非常迅速；2005 年的增长率虽然有所降低，但随后又恢复了快速增长的态势；2008 年的下降是受全球金融危机影响，汽车整车产业的销售量下降；2011 年增速放缓。总体上，汽车零部件销售产值绝对量仍然逐年增加，市场容量不断扩

张。2011 年中国汽车零部件产业销售总收入达到 18905 亿元,约是 2001 年
销售收入 1601 亿元的 12 倍。所以从销售额数据分析,中国汽车零部件市场
的销售额快速增长,该产业处于生命周期的成长期。

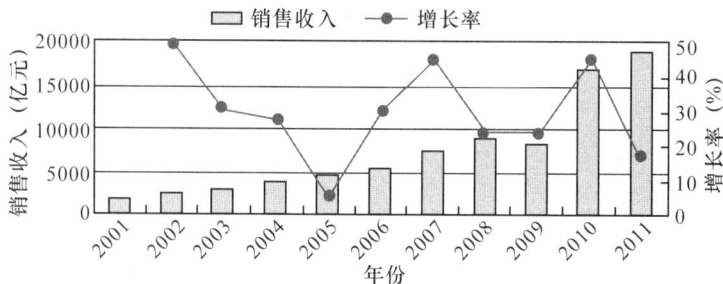

图 6-5　2001—2011 年汽车零部件产业销售收入及增长率

数据来源:机电网

（2）利润率分析

图 6-6 反映的是 2005—2011 年汽车零部件产业和整车产业的利润率。
可以看出,尽管汽车整车产业的利润率除了 2008 年全球金融危机的影响,下
降为 2.29% 之外,其他年份基本上徘徊于 4%～5% 之间。但是零部件产业的
利润率都是逐年上升的,由 2005 年的 5.3% 上升到 2010 年的 8.2%;2011 年,
由于受美国经济不景气及欧债危机等因素的影响,利润率有所下降,但是仍然
达到 7.4%,远高于当年汽车整车产业的 4.7%。所以可以看出,零部件产的
利润率是处于快速增长的。

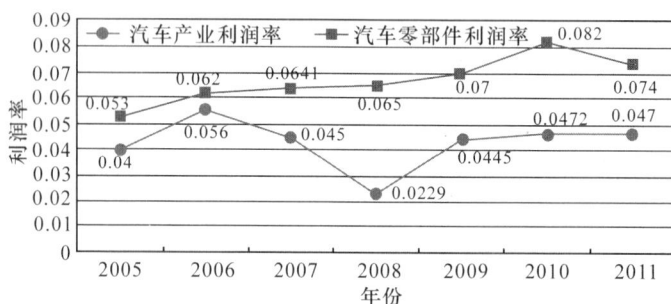

图 6-6　2005—2011 年汽车产业零部件产业利润率走势图

数据来源:根据汽车工业协会数据及网络数据分析得出

而另一方面,中汽协发布的最新数据显示,2012 年第一季度,中国汽车零
部件上市公司净利润大幅度下滑,总体净利润下滑在 30% 左右。财报显示,

我国 66 家汽车零部件上市公司 2012 年第一季度营业收入合计同比下滑 5.7%,为 688.94 亿元,净利润下滑近三成(27.9%),为 39.83 亿元;平均净利率为 5.8%,较 2010 年下降 1.8 个百分点。这说明了汽车零部件产业率接近峰值并且开始有下降的趋势。

所以,从产业利润率来分析,中国汽车零部件产业处于生命周期的成长期的后期,接近成熟期(图 6-7)。

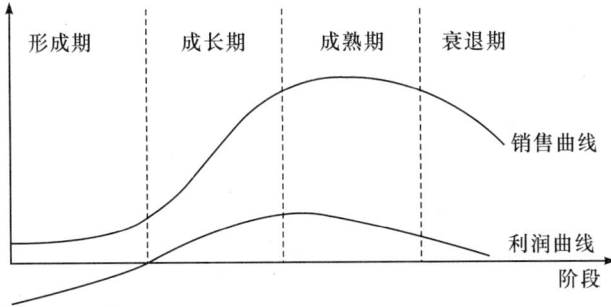

图 6-7　产业生命周期不同阶段销售与利润变化趋势图

6.2.3　中国汽车零部件产业企业数量分析

在这里可以用本书在第 3 章介绍的厂商"净进入率"法来识别产业发展阶段。该方法是根据产业中厂商主体进入情况进行阶段识别,主要是结合厂商"净进入率"、厂商绝对数量和前一时期对比情况来识别发展阶段。其阶段拐点判定的主要依据是:当厂商数量增长率开始低于前一期的 3%(或 5%)时,产业进入成熟阶段;当厂商数量下降到前一期数量的 97%(或 100%)的水平时,该产业的成熟阶段结束。根据图 6-8 的企业数量,算出厂商增长率如表 6-2 所示。

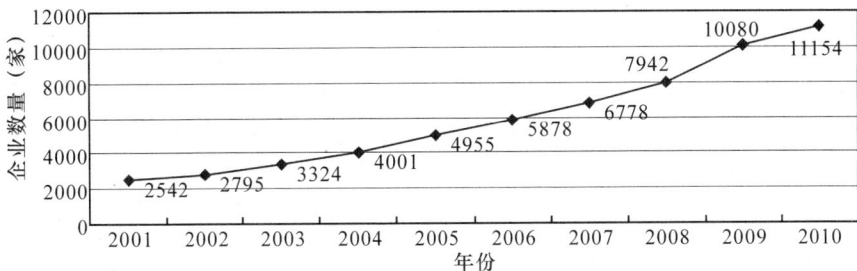

图 6-8　中国汽车零部件产业企业数量变化趋势图

表6-2 中国汽车零部件产业企业数量增长率变化表

年份	2001	2002	2003	2004	2005	2006	2007	2008	2009	2010
增长率(%)	/	9.95	18.93	20.37	23.84	18.63	15.72	17.17	26.92	10.65
与前期增长率差	/	/	8.98	1.44	3.47	−5.21	−2.91	1.45	9.75	−16.27

根据表6-2计算结果显示,每年的进入企业的增长率都是比较高的,而在增长率的增加上,除了2006年、2007年和2010年,都是高于前期的。2006年的增长率比2005年的增长率下降了5.21个百分点,超过了拐点的3%(或5%)的判读标准,是不是意味着零部件产业生命周期进入了成熟期呢?本文并不这么认为。2006年由于金融危机导致外部经济环境恶化,导致进入企业数量增长率减少。可以看到,在以后的几年中,增长率在复苏反弹,到了2009年,进入企业数量的增长率达到了26.92%,比前期高出了9.75个百分点。同样,2010年增长率的波动主要受欧债危机导致的外部经济环境的影响。

所以,根据厂商"净进入率"法来判断,这个汽车零部件产业的生命周期应该是处于成长期。

6.2.4 汽车零部件产业的技术创新分析

中国汽车零部件产业起步低,技术创新能力与发达国家水平差距较大,值得肯定的是,整体研发能力一直在进步,但是也存在很多不足。首先是研发投入不足。国内多数零部件企业的开发费用不足销售额的1%,而国外企业一般都达到了3%~5%。重生产、轻开发已经成为中国汽车零部件企业的通病。多数本土企业不具备自主开发的能力,研发和技术主要依靠国外,基本还是停留在按外商提供图纸进行生产的水平上,仍然还没有走出"引进—落后—再引进—再落后"的怪圈。

其次,零部件的技术创新跟不上整车开发要求。在发达国家,都是由零部件的技术创新带动整车的发展。国际上的汽车零部件供应商不仅十分重视在提升研发能力方面的投入,同时也建立了一套科学、完善的研发体系。据统计,发达国家开发一辆新车,70%的知识产权属于零部件企业。但中国正好相反,因为零部件企业没有掌握核心零部件技术,以至于中国自主品牌汽车企业尽管获取了1/3的市场份额,但利润却只有1/10,这在很大程度上也影响到自主品牌汽车企业的可持续发展能力。中国零部件企业目前仅能仿制而无力与整车厂同步开发。汽车零部件企业在产品研发方面能力有限,主要是跟随和适应，高端技术产品掌握不到根本技术，退而求其次，将工作重点转移向科技含量相对较低的产品，而那些关键模块或关键系统的科技含量都较高，无法自主生产。我国汽车零部件企业具有竞争力的产品多数属于劳动力密集型和原材料密集型的零部件。

所以，尽管中国的汽车零部件产业技术创新在发展，并且由于得到重视有加快发展的趋势，但是目前尚处于发展低端技术的状态。考虑到中国汽车零部件产业发展的特殊环境，我们认为汽车零部件产业应处于成长期。

综上所述，根据第 3 章的关于产业生命周期的判断理论，对中国汽车零部件产业的市场增长性、销售额、利润率、企业数量以及产业技术创新这些特征变量的分析，得出中国汽车零部件产业处于成长期。本书将在第 7 章对成长期的产业发展模式绩效进行分析并提出优化方式。

6.3 中国汽车零部件产业集群分析

本书第 3 章从理论上分析了产业集群发展的规律。同样，中国的汽车零部件产业在发展过程中呈现了明显的集群发展的规律[4]。

6.3.1 中国汽车零部件产业集群发展自我强化因素

1. 国际汽车零部件产业区域转移因素

全球汽车零部件公司独立化和规模化的发展趋势越来越明显。北美和欧洲等发达国家和地区的汽车零部件产业不景气，高额的劳动力成本是其中重要因素之一。中国有相对便宜的劳动力，具有了低成本产品的竞争优势，这使国外零部件厂商有动机向中国转移生产基地。

从汽车产业发展经验来看，拥有规模庞大的整车生产企业，是一个地区配套的汽车零部件快速发展的条件，因为汽车零部件产业集群的形成和发展受到物流成本的影响，而与整车企业之间的距离和交通条件决定了物流成本。中国形成零部件产业集群的地区比如东部沿海等，地处交通便利区域，拥有承接国际汽车零部件产业的转移条件。有些地方的集群，比如长三角地区，因为具有丰富的产业资本和金融资本，同时也具有雄厚的民间资本，使生产汽车零部件的民营企业迅速发展，是国际零部件采购的核心地区。

2.地方政府政策

地方政府政策强化了汽车零部件产业集群的极化效应。产业集群的极化效应是指某个产业集群的作用使得资源集中到该区域,促进该区域的经济发展。同样,汽车零部件产业集群的极化效应引起其他活动都集中于该产业区域,技术、信息、资金被集聚到该区域,经济活动在该地理位置形成集中趋势。这些聚集的资源使产业集群的原始积累加速完成,任何产业在选择厂址时都不得不考虑地区资源的充裕度和聚集度,充分利用起来就会创造巨大的经济增长极。由于集群的路径依赖,最初的偏离产生的影响会强化这种偏离,原来是积极方向的刺激积累,后来会逐渐加强;原来是消极方向的刺激积累,会很难转变,更加恶化下去。不过,无论是哪种方向下的刺激,最终都会固化下来,形成差距。

政策支持对产业发展很重要,比如运用政策来扩大当地资本规模就是强化积极刺激的重要手段。往往出台的政策里会确定一些重点扶持地区,加大投资力度,扩大投资需求,吸引外商投资,帮助企业进行资本积累,形成规模效应,增长本地区经济利益。

地区间的博弈是另外一种强化路径。地区经济发展竞争激烈,使得地区政府之间也发生相互博弈的现象;尽管地区之间产业发展模式不同,出台政策不一样,但都会揣测对方的经济发展重点和可能突破的新的经济增长点,鼓励储蓄,争相扩大资本积累,扶持重点企业,刺激投资需求,提高经济总量,以免处于博弈下风。地方政府为吸引外商和本地实力企业进行投资,就会不断进行制度改革和创新。如果有地区能够抢先引进投资,完成资本积累,就获得了产业集群的产生和发展的先机。

3.汽车产业链的扩散效应

整车对汽车零部件企业的拉动作用促进了产业集群的发展。根据佩鲁的增长极理论,在每个增长极中都有其推动性单位,这些单位在和其他单位的商品供求关系和生产要素相互流动等经济活动中有不同程度的支配效应,因而对单位产生了拉动作用。

在中国,很多零部件集群都有一个核心的整车企业,在这里不妨以安徽芜湖的零部件产业集群为例。奇瑞作为该增长极中的推动性单位,对整个集群的扩张和发展产生了很大的拉动作用。

芜湖的一大批上下游的制动系统、汽车仪表、车内饰件与密封件等配套企业都把为奇瑞配套作为经营方针,他们的优势产品得到了快速发展的同时,也促进了产业进一步聚集,带动了企业的崛起。奇瑞对芜湖汽车产业的迅猛发展做出巨大贡献。博耐尔汽车电气系统公司一开始就是为奇瑞做配套,后来在奇瑞的支持下蓬勃发展。此外,还有亚新科、库博赛阳等美国独资与中美合资企业落户芜湖。可以看到,作为增长极中推动性单位,在奇瑞汽车的快速成长的吸引下,有一大批包括发动机管理系统、汽车内饰件、电子系统等数十个品种的全国知名企业与跨国企业来芜湖投资办厂。市场空间的扩大给芜湖整个汽车产业链带来了机遇,为奇瑞公司配套的供货商从几家发展到几百家,包括上游的材料、辅料与零部件,下游的汽车物流、银行信贷、维修等。可见,在核心企业的带动下,汽车产业链带来的扩散效应对中国汽车零部件产业集群的发展具有很大的促进作用。

4.专业化分工

在"超级专业化时代",汽车零部件产业集群的专业分工表现得尤为突出,特定模块、特定工序分别由不同的优势企业承担,零部件生产任务被转包出去,实现了产品生产中的每道工序的最佳生产规模。核心企业的订单是这些专业化企业生存的基础,为了克服订单数量的波动性,保证专业化企业短期内的最佳生产规模,专业化企业开始频繁地相互间转包生产任务。由于产业集群中每道分工工序都有大量专业化企业,为了避免生产活动受需求变动影响,他们采用灵活合租方式,适当调节生产量,获得最佳生产规模和达到最高生产效率,相互帮助,共同获利。

如果企业在合作过程中产生违约行为的话,地域上邻近使得信息在产业集群中的传播速度很快,好事不出门,坏事传千里,一旦消息不能紧急封锁,便会很容易在业内扩散,信誉受损,职业道德遭到质疑,潜在的合作伙伴会丢失很多。信誉和口碑好比企业的脸面,很有必要进行维护和保持,在交易活动中加强自我约束,与合作伙伴保持长期稳定的契约关系,给潜在客户留下良好印象。

6.3.2　中国汽车零部件产业集群的发展现状

一般认为,产业集群的衡量标准有两个:一是区域规模大生产;二是存在大量相关配套企业,也就是生产专业化。中国汽车零部件产业伴随着整车产业,经历了50多年的发展,尤其是近几年的高速发展,使得中国汽车零部件产业发展具备了衡量产业集群形成的两个特点。这表明中国零部件产业已经形

成了产业集群。从表 6-3 可以看出,中国的汽车零部件产业集群主要集中于以下六个区域:

(1)东北地区

中国比较大的主机厂分部在东北地区,因此,相关配套的零部件的生产技术相对领先,零部件企业正走向多模块和多元化,例如吉林省的一汽集团、黑龙江的哈飞集团、辽宁的曙光汽车集团等。锦州汽车零部件产业园发展态势迅猛。铁西区以沈阳机床集团作为依托,形成了产值超千亿元的汽车整车和零部件产业集群。吉林新能源汽车产业联盟是吉林省研发生产新能源汽车最高水平的代表。

(2)京津地区

北京顺义杨镇汽车产业基地零部件园区为北京现代、北汽有限、北汽福田、北京奔驰这四个北汽控股集团整车企业进行配套生产。北京怀柔区汽车产业园不仅提供自身发展需求,也为华北地区的汽车厂商提供零部件服务。密云建立汽车零部件产业基地,给福田整车项目配套生产零部件。北京房山窦店工业基地建设的汽车零部件生产研发基地和天津滨海汽车零部件产业园都是这个产业集群的重要组成部分。

表 6-3　中国汽车零部件产业集群分布

区域	省份(直辖市)	所属区域	整车龙头企业
基本形成的汽车零部件产业集群	吉林	东北地区	一汽集团
	上海	华东地区	上汽集团
	北京	京津地区	北汽集团
	天津	京津地区	天汽集团
	湖北	华中地区	东风汽车集团
	重庆	西南地区	长安汽车集团
刚显现的汽车零部件产业集群	辽宁	东北地区	华晨汽车公司
	江苏	华东地区	南汽集团
新兴的汽车零部件产业集群	黑龙江	东北地区	哈飞汽车集团
	浙江	华东地区	吉利集团
	广东	珠江三角洲	广汽集团
	安徽	华东地区	江淮、安凯、奇瑞、昌河

(3)华东地区(以长三角地区为主)

在上海聚集的世界一流的汽车零部件合资企业有 50 多家,发展水平在全国处于领先地位;同时也聚集了汽车贸易和营销、汽车物流机构、汽车检测机构等一些企业,形成了具有多种功能的汽车零部件综合产业区。

浙江汽车及零部件企业多为民企,出现了万向集团、浙江吉利、华翔集团等一批具有竞争力且实力雄厚的汽车零部件企业,并且在他们的带动下产生了一批具有国际竞争力的、形成一定出口规模的中小零部件企业。

江苏省的零部件企业在整车企业的带动下,积极引进外资,比如长安福特在南京建立了第二工厂,加上原来的南京菲亚特,他们成为江苏省两个核心整车厂,带动了这一地区的零部件的产业集群的发展,比如苏州汽车零部件产业基地是国内较成熟的零部件产业基地。

安徽省的汽车零部件产业发展迅速,形成了一批骨干汽车零部件企业,比如黄山金马、芜湖仪表、蚌埠滤清器、宁国中鼎等。安徽六安市的汽车零部件加工产业集群正在逐步形成,部分主要汽车零部件产品产量居全国前几位,其零部件产业园已经初具规模并逐步壮大。

(4)华中地区

由于三大汽车集团之一的东风汽车公司落户在湖北,带动了该地区的零部件产业集群的发展。华中地区拥有神龙汽车襄樊零部件工厂、荆州恒隆、法雷奥汽车空调、湖北法雷奥车灯等多个实力强和发展前景好的汽车零部件企业,十堰和孝感汽车零部件产业园区在发展壮大。

(5)西南地区

重庆作为长安汽车公司所在地,在长安汽车企业的推动下,正规划建设以福特轿车为主体的"十里汽车城";该汽车城既具有生产和研发功能,也具有贸易和博览以及旅游和教育等多种综合功能。在其推动下,重庆的北部新区有一大批汽车零部件生产企业集聚。同时内江全力打造中国西部汽车零部件基地。

(6)珠江三角洲

以广州为中心的汽车及零部件产业集群具有日系汽车的特点。广州汽车零部件产业集群形成了市区区域、北部花都区域、南部南沙区域和东部增城区域这四大区域,分别为广本、日产车型、丰田整车厂和发动机厂以及为宝龙商用车配套。

6.3.3　中国汽车零部件产业集群的发展缺陷

1.中国的汽车零部件产业集群中的核心生产企业规模小,实力弱

和世界上大的产业集群的核心企业相比,中国的核心汽车零部件企业规

模明显较小,对当地相关企业的带动能力有限。比如瑞士汽车零部件生产企业属于大而精的核心企业类型,虽然产品的类别不多,可是企业规模大;西班牙汽车核心零部件生产企业属于大而全类型,因为其规模较大,涉及汽车零部件类别也较多。瑞士的乔治费歇尔企业 2009 年销售收入达到了 22.7 亿美元,该公司以生产铝镁铸件的产品为主,由于其产品能有效地减轻汽车重量而具有市场竞争力,供货给欧宝、宝马、奥迪等整车企业。而中国的零部件核心企业规模普遍较小,没有有效的核心竞争能力,尤其是发展较为落后的中西部地区的企业,很多企业的销售额仅为发达国家公司销售额的百分之几。

2. 研发实力落后

发达国家的汽车零部件集群非常重视集群体系的创新功能,对研发的资金和人力投入都较大。很多大型企业在世界各地建立了研发中心,比如瑞士汽车零部件生产企业——立达集团。汽车及零部件产业具有高科技产业的特点,所以重视研发和创新很重要。发达国家的汽车零部件生产厂商密切联系研发机构和科研院所,做到及时把最新科技成果向市场转化,从而培育其国际市场竞争中的核心竞争力。发达国家和地区建立组装汽车研发中心,推动大学联合企业开展汽车技能培训,使行业从业人员更趋于专业化。而中国汽车零部件企业不仅规模小,对外引资困难,自身投入也不多,更别提核心技术的研发和获取。我国一直在提倡产学研合作,虽然也做出了一定成绩,但是最终能投入到研发中的资金、人力和物力与国外相比还是有较大差距。比如宁波雪龙公司投入到研发和技改的费用为 1550 万元,占销售收入的 5%,而瑞士乔治费歇尔研发投入也是占公司销售收入的 4%~5%,但是为 7 亿元。可以看到,即使研发的投入比例相似,但是由于规模不同,国内汽车零部件企业和国外发达汽车零部件企业在研发投入上也就存在较大差距。而国外大规模研发投入的趋势一直保持不变,这将会进一步拉大国内外汽车零部件产业技术水平的差距。

3. 行业协会的作用较弱

在发达国家的汽车零部件产业集群中,成熟的产业发展催生了集群的中介服务组织,比如汽车行业协会和汽车产业集群服务平台。这些中介服务组织一方面将会定期举办汽车零部件展会等一些活动,对地区汽车零部件产业集群的特色和产品进行宣传,为本地区产业集群进行品牌和市场推广;另一方面能够整合集群内部汽车零部件企业资源。西班牙坎塔布里亚地区的汽车交流协会和资助基金项目很多,还有如零部件及配件协会、汽车研究和发展基金会、汽车安全技术研究基金会、先进汽车技术中心等中介服务机构。这些产业集群服务平台专注研究行业共性技术,同时把研究成果分享给各会员单位,这样使得零部件产业集群的竞争力得到增强。这些服务平台在使本集群内的资源得到充分有效利用的同时,还协调了集群和外部研发平台,引进外部先进管理理念和产品技术,实现优势互补。

而在中国,并不是每个地区都有汽车零部件协会;而且已有的汽车零部件协会或侧重市场,或侧重技术,职能不是很全面。汽车零部件协会是零部件产业集群中不可或缺的一部分,职能健全才会拉紧产业集群内部结构,否则后果不堪设想。若某地区集群没有技术协会而只存在行业协会,企业只能依靠自己进行零部件研发,而无法有效地利用技术协会、科研院所和大专院校的研发能力。

4.资本整合平台缺乏

我们可以看到,在过去的几十年中,发达国家零部件企业从未停止过海外扩张,他们之所以发展这么快,是因为有国内的资金支持。比如在瑞士,有专门为汽车产业内企业兼并提供服务平台的投行或银行的部门。在西班牙,其汽车零部件企业积极地向海外扩张,依靠的正是其国内发达的金融业,比如西班牙巴斯克地区汽车零配件生产企业先后收购了很多海外公司,如 NAKAY-ONE(巴西)、MATRICON(罗马尼亚)等公司,公司规模快速扩大,全球工厂有 62 家,员工达到 11000 人。由此可见,汽车零部件产业集群的扩大需要在完善的金融平台的支持下,通过资本操作使公司资源合理快速流动。但是中国的金融实力有限,现阶段没有足够的能力为汽车零部件产业的国内发展提供齐全的金融服务,对于海外兼并收购更是心有余而力不足。

5.相关行业基础较薄弱

与汽车零部件发展的相关基础产业主要有钢铁、橡胶、电子、涂料、模具、设备制造等产业。可以看到,在发达国家的汽车零部件产业集群中,汽车零部件技术的领先与工艺水平的先进,离不开其相关基础行业的领先。比如瑞士铝镁铸件产品非常有竞争力,这是和瑞士精密制造的设备和发达的模具密切相关。而西卡 Sika 公司原来属于传统的建筑化工业,万能黏合剂的发明创造使其进入汽车零部件生产制造业,在新的领域它的适应力极强,在原有技术基础上不断创新,后来成为汽车密封件技术的佼佼者。

与国外相比,中国有些产业的发展相对落后,钢铁产业就是最好的例子,虽然大部分的钢材类型可以在中国生产,但是缺乏关键生产技术,有些类型的钢材只能进口。中国汽车零部件企业的发展受制于人,不能自主生产和自主销售,导致国内产品缺乏竞争力,从而最终导致了汽车零部件产业集群的可持续发展受到影响。

6.3.4 中国汽车零部件产业集群升级的对策

产业集群的生命力影响一国的产业和经济发展,中国的汽车零部件产业集群要持续发展,需要在以下几个方面有所改进:

(1)培育集群内核心企业,使其规模得到扩大。正如前文所分析,产业集群的发展只需要抓住核心企业,就可以带动一大批,还可以扩展市场,树立新的品牌。但是核心企业的带动力取决于规模,而中国恰好不符合这一条件,导致了一系列弊端,产业集群在风云变化的竞争市场中抗风险能力差,再加上研发投入资金不足,产品竞争力和竞争优势得不到有效的提高,无法形成集群的核心竞争力。所以必须扩大核心企业规模,增加研发投入金额,增强自主创新能力,改变落后现状,使汽车零部件产业集群的整体发展水平得到快速提高,最终将会促进汽车零部件产业集群竞争力的有效提升与产业集群的升级。

(2)集群内的企业要加强与高校的沟通合作。高校作为科研活动的基地,其科研成果对企业的科研创新活动有很大的帮助。目前在实际应用研究和把研究成果向市场转换方面做得不够。针对这个不足,要加强产学研合作,实施科学研究与成果孵化,设立实验基地和研发合作专项基金,让科技研发成果真正为企业所用,提高产品附加值和技术含量,加强其产业的竞争优势,加速企业的产品和工艺流程等方面的创新进程。

(3)要重视和加强汽车零部件协会的作用。如果没有汽车零部件协会的产业集群,要组织成立行业协会。另一方面,要加强和完善现有的零部件行业协会的功能和作用,使得行业协会在零部件产业集群中起到综合性服务平台的作用,既能协调集群内的活动、整合集群内的资源,也能向市场扩散集群的特点,代表集群和高校政府联系。行业协会可增强零部件产业集群的凝聚力和竞争力。

(4)加强建设金融和技术等服务平台体系。地方政府要通过政策手段和优惠便利措施鼓励相关企业和机构搭建服务平台,如技术服务平台、金融服务平台等,为企业发展建立强大后盾,帮助汽车企业解决金融、技术等相关问题,这样产业集群可以更好地利用国家服务平台上的各种资源,更好更快地进行企业发展和扩张。但是要注意粗放型增长方式的弊端,考虑到长远发展,更应该走向技术先导性的模式。

参考文献

[1] 胡安生,冯夏勇.世界汽车零部件业发展趋势[J].汽车工业研究,2003, (12):5-10.

[2] 杨艳.世界汽车零部件技术发展趋势[J].中国汽车界,2009,(18): 104-107.

[3] 吴德旺.汽车零部件相关技术专题研究[D].硕士学位论文,西华大学,2008.

[4] 张凯.我国汽车零部件企业集群发展模式及实证研究[D].硕士学位论文, 武汉理工大学,2005.

第7章 中国汽车零部件产业发展模式分析(二)：产业组织分析

西方产业组织理论是比较成熟的、能用来实证分析的理论,本章根据西方产业组织理论的结构—行为—绩效的分析框架来对中国汽车零部件产业进行分析,最后进行 SCP 框架下中国汽车零部件产业市场绩效的实证研究。

7.1 市场结构分析

根据西方产业理论,市场结构反映了各种要素的内在联系,体现了市场垄断与竞争程度。衡量这一程度的指标是市场集中度、产品差异化及进退壁垒,而且这三个指标不是独立存在的,它们相互影响、相互制约。

7.1.1 市场集中度

1. 度量方法

在单一的市场内,已有的几种对市场集中度的统计学测量方法中,没有一种是完美的。在给定条件下,选择使用哪种方法进行测量取决于可获得哪些数据,以及要检验的问题是什么。

测试市场集中度的一种简单方法是观察一个行业中企业的数目。经济学理论表明,如果其他条件相同,提高竞争的途径应该是尽可能增加一个行业内企业的数量[1]。经常采用的计量指标是行业集中率(CRn 指数)和赫芬达尔—赫希曼指数(Herfinddahl-Hirschman Index,HHI)。

(1)行业集中率 CRn

集中率是市场中 N 个最大企业累计的占有率,其中 N 的典型估计值是4、8 和 20。因此,四企业集中率(CR4)是在某个行业中四个最大企业的市场占有率之和。通常测量市场大小的是销售额,也可以是资产总额、产值、产量、

雇用人数、销售量等,其计算公式为:

$$CRn = \sum_{i=1}^{n} X_i / \sum_{i=1}^{N} X_i$$

CRn 指标是以产业中最大的 n 个企业所占市场份额的总和占全行业市场份额的比值来表示。X_i 为第 i 家企业的市场份额,如产量、产值、销售额、职工人数或资产总额等,n 表示产业内规模最大的企业数量,N 为产业内的企业数量总和。一般规律是:行业集中率与垄断率成正比。行业集中度反映的是在产业中起支配作用的大企业在行业中的地位;它只从企业数量和规模两个因素进行了分析,使用范围有限,存在以下几点不足:

①以偏概全,产品间差异日益加大,该指标只能说明最大的 N 个企业的总体规模,却无法正确体现剩余企业的规模分布情况。任何给定的集中率描述的是一些特殊企业的市场占有率,因此,集中率不会受到除最大企业之外的企业市场占有率变化的影响。同时,集中度并没有给出一个行业内的竞争程度。例如,一个行业四个企业的集中度比另一个行业的八个企业的集中率更低,但是前一个行业可能比后一个行业更集中。(一个简单的例子可以说明这种可能。假定行业 A 中八个最大企业的市场占有率均为 10%,行业 B 中八个最大企业的市场占有率分别是 20%,20%,5%,5%,2.5%,2.5%,2.5%,2.5%。行业 A 的 CR4 是 40,行业 B 的 CR4 是 50。比较而言,行业 A 的 CR8 更为集中——行业 A 的 CR8 为 80,而行业 B 的 CR8 为 60。)

②该指标无法反映最大的几个企业之间的相对情况,因为集中度比率并没有提供该行业几个大企业市场分布状况的任何信息。例如,已知前面四个企业控制 60% 的市场份额,但是并没有表明是有一个控制市场份额 40% 或 50% 的主导型企业,还是有四个份额相当的企业,每个企业大概占 15%。同样前面几个大企业的市场占有率的变化并不会改变集中率。

(2)赫芬达尔—赫希曼指数(HHI)

考虑到企业数量和市场占有率的不平均性,HHI 被两个经济学家独立发明,他们是阿尔伯特·赫希曼和奥里斯·赫芬达尔[2]。HHI 是指相关市场上所有企业的市场份额平方后再相加的总和。计算公式如下:

$$HHI = \sum_{i=1}^{n} (X_i/X)^2 = \sum_{i=1}^{n} S_i^2$$

其中,X 为市场的总规模,X_i 为第 i 家企业的销售额,N 为行业内的全部企业数量,S_i 为第 i 家企业的市场占有率。

HHI 在完全竞争行业里接近于 0,在纯粹垄断行业里等于 10000。通常一个行业的企业数量越多,HHI 的评估值越低。在给定企业数量的市场中,HHI 数值会随着企业市场占有率的变化而升高;指数值越大,集中度越高,反之越低。与前一个指标相比,HHI 恰好弥补了相关缺陷,既囊括了全部企业的规模信息,又反映出集中度差别。因为平方和这一算法会把微小变化放大,所以,一定要保证最大企业的市场份额非常准确,而最小企业的精确数据并没有那么重要。

夸克(Kwoka)证实了 CR4 和 HHI 之间的相关系数为＋0.929,CR2 和 HHI 之间的相关系数为＋0.961,这表明集中度测量方法的选择可能并不重要。夸克同时指出,即使集中率和 HHI 之间高度相关,当用于市场控制力影响的统计学研究时,不同的测量市场控制力的方法具有不同的解释力度。总之,没有一种集中度的度量方法适用于所有不同的研究目标,研究方法的选择依赖于可用数据和所研究的问题。

2. 中国汽车零部件行业市场集中度分析

从中国汽车零部件企业的数量来分析,零部件企业的个数众多,而且发展较快,特别是在 2005 年之后,发展速度尤其加快(表 7-1)。

表 7-1　中国汽车零部件企业数量

年份	2001	2002	2003	2004	2005	2006	2007	2008	2009	2010
企业个数	2542	2795	3324	4001	4955	5878	6778	7942	10080	11154

数据来源:根据《国家统计局汽车零部件及配件制造业数据库》整理

由于企业的数量众多,规模普遍较少,采用集中度比率来测量时,R 取值 4,8 和 10 都不能全面反映集中度。根据简怡[3]对中国汽车零部件产业的市场集中度计算,CR4、CR8 和 CR10 都是非常小的。那么按照数据统计,中国的汽车零部件市场是原子型的,几乎不存在集中。这样是不是可以说明我们的市场是接近完全竞争的呢? 本文认为,其实不是这样的。尽管我国汽车零部件企业个数多、规模普遍较小,从整体上来看集中度较低,但是在分析市场结构时应该看到,我国汽车零部件产业和国外汽车工业有一个重大区别,就是我国的汽车企业绝大部分是生产某一两个门类的产品,这些产品只能用在特点车型的特定部位。所以结合产品的差别化角度来审视我国汽车零部件产业的市场结构,将会得出不一样的结论。

汽车零部件种类众多,各种零部件的技术工艺、企业规模以及应用等都不一样,因此把所有的零部件厂商放到一起研究其集中度似乎不太科学。下面本书将以 2011 年汽车零部件同类产品作为对象,考察各种零部件的集中度水平。本书计算了 45 种关键零部件的集中度。

通过表 7-2 可以发现,正如我们之前分析的那样,对于单一的某种零部件来说,都具有比较大的四厂商集中度,有的甚至达到了 100%。根据这个结果以及上面的分析,说明中国的汽车零部件市场结构还是垄断竞争的结构。

表 7-2　关键汽车零部件集中度

	产品名称	CR4(%)	产品名称	CR4(%)	产品名称	CR4(%)
第一类关键零部件	ABS 防抱死制动系统	96.08	安全气囊	95.86	发动机管理系统(EMS)	100
第二类关键零部件	活塞	51.5	活塞环	88.26	活塞销	75.66
	车灯总成	62.05	气门挺柱	100	气门推杆	100
	增压器	97.52	机油滤清器	53.66	汽油滤清器	63.3
	柴油滤清器	62.31	散热器总成	47.2	离合器总成	79.29
	转向机总成	56.53	万向节总成	95.18	减震器总成	40.09
	空调装置	55.85	座椅总成	54.85	玻璃升降器	95.87
	刮水器总成	81.91	后视镜	89.12	车锁	62.8
	电动玻璃升降器	84.92	汽车仪表(含组合仪表)	69.66	曲轴瓦、凸轮轴瓦、连杠瓦	93.71
	汽车轴承	95.75				
第三类关键零部件	气缸套	62.98	气缸垫	100	化油器	100
	风扇离合器	100	消声器总成	55.55	钢板弹簧总成	61.36
	铝车轮	73.35	暖风机	68.67	开关	52.9
	安全带	71.51	点火线圈	100	火花塞	100
	蓄电池	88.64	摩擦材料	88.16	保险杠	45.58
	转向盘	67.96	汽车线束	71		

资料来源:根据《中国汽车工业统计年鉴 2012 年版》(第 565-608 页)资料计算整理

而且发达国家的零部件产业的产业集中度很高。世界汽车零件产业的三大集中地区为北美、欧洲、亚太地区,OEM 市场总额占到全球市场总额 95% 以上、年销售收入额超过 100 亿美元的巨型汽车零部件跨国企业已经有十几家。

综上所述,中国汽车零部件产业的集中度很低,但却处于一个垄断程度较高的市场。而单一产品看似较高的集中度也并不能够说明汽车零部件产业市场结构的合理性。和国外企业对比,中国零部件企业的规模很小。国外的零部件企业早已经开始生产多样化产品。我国汽车零部件企业的整车企业的规模小决定了企业的规模小。以前的配套模式导致了零部件企业依附于整车企业,整车企业的发展牵制了零部件企业。在 2003 年和 2004 年整车厂商开始了大规模的重组、整合之后,零部件企业也有所发展。由此可见,要想集中更多的资源投入生产,必须大幅度提高产业的集中度。

7.1.2　产品差异化

1. 产品差异化对市场结构的影响

产品差异化营销是指企业通过各种方法促发顾客偏好,使产品在其他竞争性企业提供的同类产品中脱颖而出,得到顾客认可,从而提高市场占有率。

产品差异化对市场结构的影响主要有两个方面:第一,影响市场集中度。实力较强的企业和实力较弱的企业都可以通过扩大产品差异化程度以保持和提高企业的市场占有率,维持和提高市场集中度水平;第二,形成进入壁垒。现有企业产品差异化凭借自身产品已赢得一大批固定客户,这对于潜在进入者而言,销售很成问题,只能另辟蹊径,采取产品差异化行为,寻找新的目标市场。

2. 中国汽车零部件市场的产品差异化分析

差异化的分析,需要从三个方面着手:产品品牌、产品本身的差别化程度以及产品的通用化程度。

根据国际经验,汽车零部件的发展有两条途径:一是依靠主机发展,就是和整车配套;二是和整车脱离,由于国际分工的深化,在技术支持下,依靠自己的品牌、良好质量等独立发展。后者更需要产品的差异化来获得市场的控制力。目前我国大多数汽车零部件产品没有自己的品牌,基本上是为别人定牌和定包装而生产。一些靠仿制别人的产品起家的小企业,有的甚至没有注册自己的商标,明显缺乏品牌观念,更没有产品差异化可言。一些大的企业,比如万向集团等,在产品的质量、包装、广告和销售渠道都采取了差异化手段。

从产品本身来说,中国汽车零部件企业存在重复投资现象,导致零部件企业规模不大,资源不集中,所以每个企业生产的产品型号比较少,造成了产品差异化大,专业化程度低。但是与主机配套的产品以及一些低技术和资金等进入壁垒的产品,差异化程度就很小,甚至重复建设。一些企业为了争取与主机厂配套,只能进口,从国外引进所需要的相同的生产设备。

产品的通用化程度受零部件企业和整车企业的关系影响。中国汽车零部件企业对整车的依附性比较强,导致了工业市场结构纵向一体化程度较高。东风集团、一汽集团和上汽集团的实力雄厚,集整车生产企业和零部件生产企业于一身。一汽集团拥有 9 家铸造厂,如长春和哈尔滨的齿轮厂、大连和无锡的柴油机厂等零部件企业;东风集团有自己的电子仪表、汽车电器、化油器、散热器和车轮等生产企业;上汽集团有自己的制动系统、传动轴、汽车电器等企业。这种情况使得我国的汽车零部件产品的差别化具有和国外不同的特点,即产品的通用化程度不高。

综上所述,从品牌和生产的产品种类来说,中国汽车零部件市场差异化程度并不明显,即使存在一定程度的差异,也不是市场为主导,不利于零部件企业公平竞争和形成核心竞争能力,所以对整车企业和零部件企业的竞争力都产生了很大的不利影响。

7.1.3 进入和退出壁垒

进入和退出情况对企业市场力具有决定性的影响。如果进入该行业是相对容易的,一个拥有较大市场份额的企业可能不能制定高于边际成本很高的价格。同时微观经济学理论预测了进入和退出对保证行业内有效率的资本流动是重要的。新资本被吸引到可以赚取经济利润的行业里,陈旧的、无效率的资本因为损失被迫留在一个行业里。这些阻碍和动机都会影响企业进入和退出一个行业,从而影响市场结构的调整和变化。

1. 进入和退出壁垒的构成因素

西方产业组织理论认为,新企业进入一个行业可以使需求和投入价格发生相应变化,增加竞争,促使行业内企业尽可能有效率地运行。新产品或新技术可能也会进入。一般来说,进入壁垒主要包括:①规模经济。假定资本市场是完美的,只要是有利可图的,进入者就可以筹集到充足的资本;同时,假定所有企业都有相同的技术。在这些条件下,规模经济成为进入壁垒。企业只有在取得一定市场份额后才能获得生产和销售的规模效益,否则就会在竞争中处于劣势地位,甚至退出市场舞台。②绝对成本优势。在完成相同产量的情况下,现有企业能以较低成本进行生产,而潜在企业在这种情况下就会亏本。这个优势来源于行业内现有的企业可能控制着至关重要的投入,与潜在进入者相比,现有企业能够以较低的利息借入投资基金,或者他们有获得较好的生产技术途径等。③资本成本。潜在企业要进入一个新行业,需要资本投入,一个高资本成本行业的潜在进入者必须向资本市场筹集资金。经济学家认为,新进入企业与已有企业相比要付出更多的利息来借入资金,原因至少有三个:风险、交易成本和借贷市场的不理想。④产品差异化。产品差异化程度越高,给新企业带来的压力就越大,既要赢得顾客又要兼顾成本。能形成产品差异化的企业行为有多种形式,包括广告、销售人员的努力、提供服务合同和保证,以及改变风格等。⑤政策法律制度。政府在产业发展中具有绝对威严,如果不服从,就会被强行退出市场,也是一大进入壁垒。⑥阻止进入策略行为。现有企业通过互相勾结,采取一些阻止进入的策略与行为,如人为形成过剩供给等,也会形成阻碍新企业进入的壁垒。

2.中国汽车零部件产业的市场进入和退出壁垒分析

虽然汽车零部件企业设备专用性较高,生产必须达到一定规模才可以投入,所以产能较大的零部件企业更具有成本优势,具体表现为配套市场与国际市场壁垒高,售后服务市场壁垒低;发动机等核心部件产品壁垒高,汽车装饰件等非核心部件产品壁垒低。

任何企业都是利润为先,所以规模经济很重要。受我国的实际情况影响,汽车零部件企业进入壁垒不高。地方保护主义与部门保护主义普遍存在,造成经济分割而难以形成规模经济。在地方政府的市场保护下,小企业即使技术水平不高,也不用担心生产问题,生产成本较高,规模不经济也有可能获得较丰厚的利润。市场经济的一般规律对这样的企业不起作用,规模经济与绝对成本优势等因素不会构成进入壁垒。

另外,中国汽车零部件企业生产的产品属于附加值不高的劳动或材料密集型的产品,技术含量低造成产品差异化程度不高,这也是进入壁垒较低的原因。

在政策法律制度方面,民间的资本无法进行整车项目,基本被框定在汽车零部件领域,引导了很大一批投资者,因而汽车零部件的行政性进入壁垒相对较低。而相对于较低的进入壁垒,中国汽车零部件产业的退出壁垒是比较高的,除了该行业一般投资比较大、专业化协作程度高和资产专用性强造成的退出壁垒较高之外,还有一些是我国的特殊情况造成的,主要有以下三个方面的原因:

(1)地方保护主义。如果汽车零部件企业是地方经济发展的支柱企业、利税大户,即使在竞争中处于劣势,也能在地方政府的支持下发展;地方政府之所以这样做,是出于增加本地财政收入和解决本地就业问题的考虑。因此,地方政府为了保护本地经济发展,会对其给予信贷、财政、税收等多方面的支持。

（2）国内资本市场不健全。国内很多零部件企业对大汽车集团依赖性很强，其中的利益关系很复杂，零部件企业在竞争中失败后，很难通过市场手段实现兼并、破产和转移。

（3）企业职工安置难，造成企业退出障碍。目前我国在社保制度方面不健全，存在很多未还清的旧账。很多汽车零部件企业是老国企，一旦退出，很多职工面临失业，而企业的养老、失业、医疗保险等社会保障体系不够完善，很多企业迫于职工安置难问题，一直硬撑着不倒闭。

从以上对产业的市场集中度、产品差异化和行业壁垒的分析过程可以看出，由于汽车零部件产业的市场集中度低但产品的替代性小，行业进入壁垒较低，所以基本上是属于垄断竞争型的市场结构。

7.2 市场行为分析

企业市场行为与市场结构相互制约，相互影响，一般包括了定价策略、产品策略、广告行为、兼并行为等。

7.2.1 定价策略

企业的定价行为是一个复杂的、多因素作用的过程。不同的市场结构有不同的定价策略。比如美国的钢铁产业，几乎是垄断的行业，企业采取的是主导厂商领导定价模型，虽然企业可以制定短期产品价格，但是没有长期决定权；产品价格应该由竞争对手和消费者共同决定，以适应当前市场发展。

汽车零部件是一个由上游提供者决定价值的工业产品，传统的方法是生产者根据研发费用和各种成本，采取成本加成定价法。所以，在早期，我国大部分汽车零部件企业在制定产品价格时，先计算出成本，再配以一定浮动比率。这种定价政策的优点是简单，操作成本低，缺点是使企业失去可以提高盈利的机会。

但是市场上的渠道商往往采取市场定价法，他们从零售商的角度来考虑，分析客户的心理价格和实际价格，所以有时会出现一些中间商利差比较大，甚至出现假冒产品等不规范行为。核心市场的定价策略是被动的，基本上是采取客户定价或者与竞争对手竞价的方式，产品基本利润较低。

随着产业的发展，一部分生产厂家开始调整以前的完全按照成本加成的定价策略,在对经销商定价时,不完全依照成本加成,而是为了吸引经销商并且最大限度地调动经销商资源。企业会因产品类别不同、销向市场不同而采取不同的定价策略:第一种是已经高度货品化的核心产品,市场处于高度竞争中,价格基本与市场同步;第二种是能够给顾客提供一些差异化价值的产品,企业会适当提高价格;第三类是被少数人所喜欢的、市场竞争不太激烈的产品,企业会考虑大幅度地提高价格;第四类是包含了高度工艺水平的产品、系统或解决方案,企业可以保持较大的利润空间。

近年来,中国零部件企业的定价策略调整趋势有以下两个方面:

(1)制定科学合理的、与产品品质和成本相匹配的价格。由于国内零部件开发和生产成本较低,在保证质量的前提下,企业一般制定低于进口产品的价格,而价格要高于国内同类产品。高价格决定高品质,越来越多的零部件企业正走上高质高价的企业定位路线,比如陕西奉航的密封件要比国内同类产品价格高几倍。

(2)根据环境变化适时调整价格。2011 年下半年由于汽车零部件市场价格普遍上涨,生产企业开始对不同的产品区别对待,降低与市场同步的产品价格,借此机会扩大产品的市场占有率,争取更多客户;保持或略微降低技术含量较高、能体现企业核心竞争力的产品价格。

总之,定价是一种直接有效的竞争策略,正确的价格体系策略对企业的成功起着至关重要的作用。

7.2.2　产品策略

所谓产品策略是指企业提供何种产品和服务来满足市场的需求,主要包括商标、品牌、包装、产品定位等方面。产品策略是企业为了在激烈的市场竞争中获得优势,在生产、销售产品时所采用的一系列措施和手段,包括产品定位、产品组合策略、产品差异化策略、新产品开发策略、品牌策略等。

汽车零部件产品的整体概念包含了五个层次:①核心产品,即产品的基本效用和利益;②形式产品,即产品的品质、式样、特征、商标和包装;③期望产品,即和产品相关的属性和条件;④延伸产品,即产品说明书、保证、安装、维修和培训等;⑤潜在产品、附加产品、可能发展的潜在产品,即现有产品可能演变的趋势和前景。

我国汽车零部件企业的产品策略意识不是很强,主要体现在:

(1)新产品开发落后。汽车承载了当今世界最新的技术,哪怕一个零部件也是如此。伴随着汽车零部件全球采购,同步开发,以及电子化、系统化、模块化的供货趋势,生产设计能力和产品研发能力成为零部件企业的核心竞争力。但是我国汽车零部件的研发投入只占销售收入的1%～1.5%,远远低于发达国家企业的水平。在产品的选择上,这些企业能生产什么产品就卖什么产品,而不是根据市场需求,客户需要什么型号生产什么型号。特别是一些老国企,对市场信息不敏感,没有市场概念,新产品开发意识不强,或者是想开发,但对市场把握不准,导致产品线拉不开,企业销售业绩逐年下滑。从整个产业来看,部分技术壁垒低的产品生产过剩,市场价格战频发,企业效益降低,而一些新车型的零部件却货源紧缺,只能买进口产品,外国厂商赚取暴利。

(2)我国现有生产的零部件产品处于低端的位置(图7-1)。全球百家最大汽车零部件企业的产品主要集中在发动机管理系统、热系统、安全系统、电控悬架、电子线束、电子元件、电控制动系统。这些产品的技术含量高,电子控制技术水平高。目前,国内装车零部件中发动机部分国产化率仅为25%～60%,自动变速器部分为零,前后桥部分为20%～60%,空调部分为40%。在汽车电子化、数字化和汽车设计微机化方面,我国汽车产业的掌握水平还是比较低的。据统计,在我国居销售额前五位的汽车零部件企业中,主要是这几类产品:轿车前悬架和后桥产品、万向节、传动轴和轴承、手动变速器、微型汽车发动机、轿车仪表盘和转向盘。这些产品很少或者根本不含电子控制技术。所以产品低端也决定了利润较低,产业绩效不高。

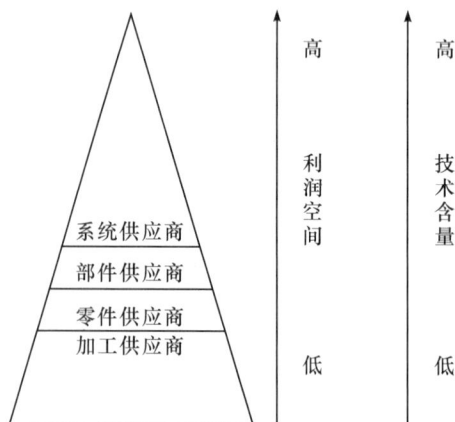

图7-1 供应商层次图

　　(3)国内企业不重视产品的品牌。着眼于把产品卖出去就可以,所以很多是给国外贴牌。国外的大牌从中国采购后,贴上他们的牌子就能大幅涨价卖回中国。不可否认的是,中国的汽车零部件市场很大部分被国外产品占据,和他们品牌战略等成熟的市场手段有很大的关系。国内企业由于不注重品牌,所以对包装和广告的投入也少。很多企业对包装的概念只停留在保护产品、方便运输的阶段,关注的是包装是否结实,而不是关注其设计是否符合企业的形象和市场定位,没有通过包装形成产品差异化。

　　(4)国内零部件企业缺乏产品定位的意识。一般企业认为市场很大,尽量争取所有用户,而不是分析市场,细化市场,根据自己的情况选择市场进行产品定位。例如,在零部件市场中,乘用车市场有营运车和非营运车,如果企业生产的型号是营运车市场的话,那么要根据这个市场的特点提供性价比高、销售网络到位、售后保障好的产品和服务;如果是生产非营运车的型号,那么更要注重产品的差异化,在包装和广告以及品牌上多加投入。

7.2.3　广告行为

　　广告行为可以进行信息披露,是推销产品的常用手段,也是一种非价格竞争的方式。广告对市场结构的影响有:①向消费者传递产品差异化信息,使之与竞争者的产品区别开来。企业通过在广告中植入有效诉求,促发消费者购买欲望。广告本身也是产品差异的一个组成部分,即使产品与竞争者的相同,也可通过一个创意独特的广告在众多产品广告中脱颖而出;②广告增强进入壁垒,潜在进入者很难进入市场。以上两个方面足以说明,企业的广告行为促使市场集中度提高。

　　广告的作用与特点在不同市场也不尽相同。在非耐用消费品行业,广告活动对耐用消费品的影响相对较小,企业无须投入大量广告费用,转而建立销售组织,扩大销售网点范围;在工业品行业市场上,产品标准化和规格化程度较高,批量销售的产品几乎是根据客户的需求定制,广告行为不会影响富有经验和鉴别能力的产品购买者。

　　中国汽车零部件产业的市场广告策略在不同阶段有不同特点。在这里根据广告的采用多少分为三个阶段。第一阶段是 20 世纪 90 年代之前,早期的汽车零部件产业几乎没有竞争,零部件企业就没有必要采取广告宣传等促销活动。第二阶段是 20 世纪 90 年代后,整车和零部件企业间配套生产关系解体,竞争加剧,零部件企业需要采取广告宣传,争取为更多汽车制造厂商配套生产以扩大规模。由于汽车零部件属于工业品,具有较高的专业性,广告大多投放于专业类和行业类媒体。第三阶段是近 10 年来,随着汽车零部件产业的竞争日益激烈,一些零部件企业把销量不好归结为广告力度不够,不少企业在一个新品投入市场时,都要采取地毯式轰炸的形式,体现出了一定的盲目性。广告必须和策划紧密相连。汽车零部件是工业品,有其专业的市场,而且汽车零部件行业是一个利润空间相对较薄的行业,使大量的广告投入提高了销售费用,但可能收不到相应的效果,所以应该系统地做好产品全方位策划,适当运用好广告策略,新的零部件品牌才能成功运作。而且广告并不是汽车零部件的主要促销手段,高成本的广告费用会给企业带来沉重负担,使大量销售利润应用于建立销售网络系统。一些汽车零部件企业集团在全国范围内建立市场网点,形成零部件供应系统。随着网络的发展,销售方式发生变革,电子网络销售方式成为热潮。

7.2.4 兼并行为

1.企业兼并行为对市场结构的影响

企业兼并指两个以上的企业在自愿基础上,通过订立契约而形成一个企业[4]。企业兼并的动机主要有以下四个方面:①获得规模经济效益,兼并能扩大生产销售规模,以降低成本获得高额利润;②提高市场竞争力与支配力,减少竞争对手,增强影响力与控制能力,进而获得垄断超额利润;③降低市场进入壁垒,所兼并市场在产业市场中已经有一定基础,投入资本量必然比新建企业少,对产业总供给水平不会产生很大影响,不会引发同行排挤;④减少资产经营风险,多元化经营的方式分散了企业经营风险[5]。

对市场结构的影响有:①对市场加强支配与出现垄断。尤其是大企业之间的横向兼并,强强联合后的企业成为行业龙头,拥有更强的市场支配力,产品价格提高,而剩余市场占有率很有限,抵抗失败的企业逐渐退出市场,而新企业又望尘莫及,垄断势力最终形成。②进入壁垒形成。纵向兼并导致产品的生产过程高度一体化,新企业没有实力与原有企业竞争,形成一种阻止新企业进入的壁垒。由此可见,企业兼并会加强市场集中度。

2.中国汽车零部件产业的市场兼并重组行为

2009 年 2 月,在金融海啸的冲击下,国务院办公厅颁发了《汽车产业调整振兴规划》,明确提出通过兼并重组,形成 2~3 家产销规模超过 200 万辆的大型企业集团,培育 4~5 家产销规模超过 100 万辆的汽车企业集团,产销规模占市场份额 90% 以上的汽车企业集团数量由目前的 14 家减少到 10 家以内。《汽车产业调整振兴规划》特别提出,要加快推进汽车零部件产业的兼并重组。

时隔一年,2010 年 9 月,国务院下发《国务院关于促进企业兼并重组的意见》,汽车行业被列为重点发展对象,政府提倡企业跨地区兼并重组,优化资源配置,民营企业也在其中。

另一方面,由于来自原材料价格上涨和市场利润额下降的双重压力,世界上绝大部分整车制造商为了降低成本,对其零部件供应商越来越多地根据 QSTP(质量、服务、技术、价格)进行全球采购。在这种情况下,零部件供应商为了降低成本以获得更多的竞争优势,也必须通过兼并重组获取新的市场机会,扩大企业经济规模效益,降低企业固定成本费用,从而适应整车成本下降的要求。当前世界前 16 家零部件企业在全球市场的销售额已经占到了 40% 左右,零部件产业的全球化和大规模重组改变了传统的资源配置方式。

虽然中国的汽车零部件产业近年来取得了长足的进展,但是从全球市场来看,中国汽车零部件产业散乱,集中度不高,绝大多数的小规模企业既没有充足的运作资金,也缺乏研发能力,根本无法研制出先进的符合市场需求的产品。这些诸如低效率等问题不但妨碍了零部件产业的自身发展,也对主机的发展有很大的牵制。所以各种模式的兼并重组时常出现,表 7-3 是我国汽车零部件产业当前常见的资产集中重组兼并模式。

而在国内,为了提升企业在品牌经营、全球采购、快速装配和全球销售等方面的竞争力,近几年来,中国整车企业开始经历一系列重组调整。很多整车企业把集团内的零部件企业分离组成独立的零部件企业,并推向海外市场。例如一汽成立了富奥汽车零部件公司,而东风汽车公司零部件事业部独立面向市场,骏威汽车入股广州汽车零部件集团等。近年来,中国较大的汽车零部件兼并重组的案例如表 7-4 所示。

表 7-3　中国汽车零部件产业主要资产重组模式

收购方	被收购方	重组目的
国内汽车零部件企业	国内汽车零部件企业	延伸产品线;覆盖市场;增强规模效应
国内汽车零部件企业	国外汽车零部件企业	利用海外技术与管理;进入海外市场
国外汽车零部件企业	国内汽车零部件企业	借助中国成本优势;进入中国市场
国内相关行业	国内外汽车零部件行业	多元化经营,进入汽车行业
金融投资公司	国内汽车零部件企业	获取资本运作的收益

表 7-4　近年来中国汽车零部件企业兼并重组主要案例

时间	兼并重组事件
2012 年 1 月 9 日	上海汽车股票简称正式变更为"上汽集团",全称和证券代码不变,标志上汽集团整体上市正式收官
2011 年 7 月 1 日	一汽轿车和一汽夏利双双发布公告称,其控股股东中国第一汽车集团公司(一汽集团)重组改制方案已获国资委批准
2010 年 8 月 18 日	北汽集团与广东宝龙轻汽签署了收购协议,北汽集团出资 1 元获取广州宝龙的所有存量资产,宝龙成为北汽的全资子公司
2010 年 4 月 26 日	广汽集团和吉奥汽车签署了战略合作协议,广汽集团主要以现金方式出资,吉奥则以其汽车产业相关资产出资,双方共同将原吉奥汽车整合成为一家广汽集团与吉奥汽车分别持股 51% 和 49% 的合资公司。由此,广汽集团成为吉奥汽车的控股股东
2009 年 11 月 10 日	中国兵器装备集团和中国航空工业集团举行了重组中国长安汽车集团的签字仪式。中国航空工业集团将其持有的昌河汽车、哈飞汽车、东安动力、昌河铃木、东安三菱的股权,划拨给长安汽车集团
2009 年 5 月 21 日	长丰集团将其持有的长丰汽车 29% 的股权转让给广汽集团,广汽集团成为该公司第一大股东

资料来源:根据网上相关资料整理

7.3　市场绩效分析

　　测量市场绩效的一个比较理想的指标是勒纳指数,即 $(P-MC)/P$,因为它直接测量了价格高于边际成本的部分,但是由于边际成本的数据很难得到,所以,一般都是用利润率、销售的超额利润等指标来测量。同时,产业的产量、亏损企业比率也可以从侧面反映出产业的市场绩效。如果用微观经济学理论分析市场结构,可以看出,完全竞争市场中的所有企业竞争达到最佳状态,长期内其经济利润为零,只能获得对自己所提供的那份企业家管理才能支付报酬,即正常利润。完全竞争市场没有任何竞争因素存在,产业利润率与市场偏离完全竞争的程度呈正比,即产业利润越高,市场偏离完全竞争状态的程度越明显,当垄断经济形成后可获得更多超额利润。

　　从下面的表 7-5、表 7-6 以及图 7-2 可以看出,中国汽车零部件市场的利润率不高,市场集中度较低。但是,这并不能说明中国汽车零部件产业的市场资源配置效率是高的。首先,正如前文分析的,虽然总体上来看,整个产业的集中度低,但是从产品的通用性来看,这是一个垄断竞争的市场结构,而并不是充分竞争的,资源配置的效率不可能高。其次,汽车零部件产业都在尽可能地扩大规模,因为规模的大小决定了企业利润率,规模较大的企业容易形成资源垄断,进而获得较高的超额利润,而规模小的企业利润率低甚至亏损。这个产业给终端消费者提供产品的能力是不强的。第三,只有在自由市场条件下,低集中度对应的完全竞争市场才会带来高效的资源配置。当然,理论结论毕竟是理想状态,而中国汽车工业市场在很多因素的影响下已经偏离理想状态。目前,国内有很多规模小的零部件企业,零部件企业只依赖于当地的整车企业,其他地区的企业则无法进入,造成不同地区的企业出现重复建设情况。局部地区的垄断市场结构使得有限的资金流和资源流在竞争合作中流通受堵,无法实现地区间的资源配置。受国际企业的带动,零部件企业与整车企业的关系发生变动,前者的发展不再依赖于后者,情况得到改善,但是产业利润一直得不到显著提高,最大的制约因素是生产技术始终处于较低水平,无法生产高附加值产品。从表 7-6 中可以看出,2005 年的利润低谷就是这个原因造成的。

从以上的分析可以看出,中国汽车零部件市场结构属于垄断竞争,资源得不到有效配置,造成地区发展不平衡。

表 7-5　2001—2010 年中国汽车零部件产业企业亏损面统计

年　份	企业单位数(个)	亏损企业个数(个)	亏损面(%)
2001	2547	595	23.36
2002	2795	530	18.96
2003	3324	537	16.16
2004	4001	711	17.77
2005	4955	1030	20.79
2006	5878	1056	17.97
2007	6778	1098	16.20
2008	7942	1383	17.41
2009	10080	2023	20.07
2010	11154	1348	12.09

数据来源:根据国家统计局汽车零部件及配件制造业数据库整理

表 7-6　2001—2010 年中国汽车零部件汽车产业利润情况

年　份	主营业务利润率(%)	成本费用利润率(%)
2001	7.98	8.60
2002	7.95	8.64
2003	9.65	10.72

续表

年　份	主营业务利润率(%)	成本费用利润率(%)
2004	8.97	9.80
2005	5.53	5.82
2006	5.81	6.13
2007	7.00	7.44
2008	6.53	6.99
2009	5.72	6.12
2010	8.02	8.83

数据来源:根据国家统计局汽车零部件及配件制造业数据库整理

　　从规模结构效率来说,中国的汽车零部件产业也是非常低的。从发达国家的汽车工业学习经验,如日本汽车产业的发展,发现零部件企业盈利的途径离不开高端技术产品,还有专业化和规模化发展。而中国汽车零部件产业还没有规模化,技术水平跟不上,致使产业发展滞后。2011 年的销售数据显示,德国博世公司在全球最大百家汽车零部件配套企业中排名首位,每年的销售额是 680 亿美元。而在中国,5000 多家国有控股及销售收入在 500 万人民币以上的非国有汽车零部件企业中,80% 以上年销售额在 1 亿元人民币以下,超过 1 亿元人民币的只有 130 家。*Automotive News* 中的数据显示,美、日、德三个国家的汽车零部件企业处于领先地位,法、韩、加拿大等国家处于次要水平。可惜的是,作为拥有全球第一大汽车市场的中国,却没有一家汽车零部件企业拿得出手。

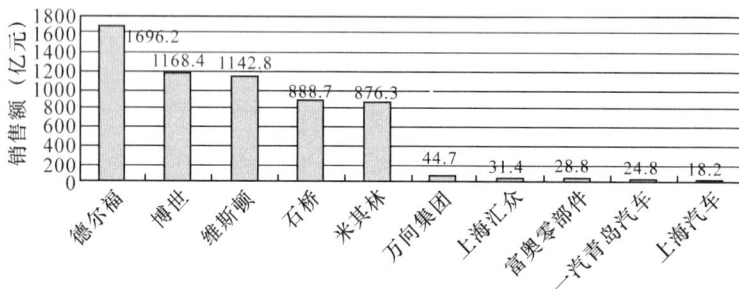

图 7-2　2011—2013 年中外汽车零部件公司销售额比较

资料来源:http://www.doc88.com/p-29596027958.html

7.4　实证分析——基于 SCP 分析框架的中国汽车零部件市场绩效分析

SCP 分析框架，即市场结构(Structure)—市场行为(Conduct)—市场绩效(Performance)，是产业组织分析的理论之一，国内外学者运用 SCP 理论对中国汽车产业进行广泛研究。

以 Mason 和 Bain 等为代表的哈佛学派提出 SCP 产业组织分析框架[6]，从结构、行为、绩效三个方面分析市场现状，是公认的产业组织分析框架，既能深入具体环节，又能体现系统逻辑。SCP 理论研究的是市场中的多种要素与绩效之间的关联，该理论认为市场绩效受其结构和行为的共同影响。

陈军等[7]运用 SCP 理论对汽车产业结构进行定性分析，从结构类型、产业特点等多个方面深入分析，提出了很多建议和策略，有很大的借鉴价值。马静静和刘峰[8]以 SCP 分析框架的三个研究方面，立足于产业现状，采用定性分析的模式对中国汽车零部件产业进行了剖析。罗元青[9]以汽车产业为对象，采用实证方法，研究了汽车产业的市场绩效，对产业竞争力与组织结构提出相关性假设，搜集相关数据进行验证。简怡[3]运用实证分析方法，探析了四厂商产业集中度对行业利润率的影响。于焱[10]运用系统思想，构建了一套指标体系，对汽车零部件产业的竞争力进行了评价分析。

回归分析法在实证分析中应用很广泛，主要用于因变量和自变量的相关性关系。衡量市场绩效的指标有：超额利润、利润率、价格成本加成、托宾 Q 比率。计算公式分别是：销售的超额利润＝经济利润/收益的比值，即$(TR-TC)/TR$；价格成本加成＝(总收益－可变成本)/总收益；托宾 Q 比率＝公司的市场价值/资产重置成本。测定市场结构的指标常采用市场集中度、进入阻碍等，新近的销售增长这个指标也曾被有关学者使用过。衡量市场行为的指标有资本运作、价格行为等，但是市场行为一般稳定性不高。

经济学家也常基于 SCP 研究框架作实证研究。Collins & Preston[11]从结构、行为、绩效三个方面展开分析，搜集制造业的截面数据进行假设验证，效果很突出。继他们之后，其他经济学家也采用相似的方法和思想进行研究，又添加了一些会影响收益率的其他自变量。

7.4.1 基于 SCP 分析框架的实证研究

1.指标的选取和基本假设

（1）市场绩效

前文已对市场绩效的四个测量指标进行概述,本文选择的是成本费用利润率,计算公式为:成本费用利润率＝利润总额/成本费用总额×100％,其中,利润总额＝赢利额－亏损额。

（2）市场结构

通常做法是采用产业集中度,用行业中最大的 $n(n=4)$ 家企业的市场占有率(CR4)来衡量。简怡[3]采用 CR4 来衡量市场结构,用年度数据回归分析的结果表明,汽车零部件产业的集中度与市场绩效不存在显著正相关关系。而用完全竞争和垄断理论分析得出的假设是:产业集中度和市场绩效存在正相关关系,即市场越集中,经济利润越高。显然,两种方法得出的结论不同。

为避免误差太大,考虑到中国汽车零部件市场的特殊性,本文放弃了一般做法,采用企业数量这个指标。用 CR4 衡量市场结构的做法适用于典型的竞争市场,甚至是过度竞争的市场,而我国汽车零部件工业企业数量多、规模小、集中度不高,市场结构属于寡头垄断,CRn 这个指标本身有一定的局限性。所以本文采用企业数量来衡量市场结构。

基本假设一:企业数量和利润成负相关。

（3）市场行为

市场行为的类型主要有市场竞争行为和市场协调行为。前者涉及定价、广告和兼并;后者包括价格协调和非价格协调。衡量市场行为的指标有广告费用所占比例、资本和销售的比值、存货和销售比例等。出口产品的利润很高,本文选择了出口值占销售值的比例和流动资产周转次数。

基本假设二:出口比值与利润成正相关。

由于主机厂赊账进货,配套市场上的企业应收账款一般会积压很多。所以流动资产的周转次数是影响行业利润的关键因素。

基本假设三:流动资产周转次数与利润成正相关。

2.实证分析过程

本文所用数据来源于国家统计局汽车零部件及配件制造业数据库,以2001—2010 年为时间段搜集数据,因变量是成本费用利润率,自变量是企业个数、出口货值占总销售的比值和流动资产周转次数。

步骤一:检查多重共线性,输出结果如下:

	EXPORTR	FASSET	NUMBER	PROFIT
EXPORTR	1.000000	0.003824	−0.144603	0.181268
FASSET	0.003824	1.000000	0.838602	−0.052145
NUMBER	−0.144603	0.838602	1.000000	−0.331507
PROFIT	0.181268	−0.052145	−0.331507	1.000000

从上表可以看出流动资产周转次数(FASSET)序列与企业个数(NUMBER)序列有很强的相关性,需精简后再测试。

步骤二:不考虑企业个数,用最小二乘法做回归,输出结果如下:

	Coefficient	Std. Error	t-Statistic	Prob.
C	8.169846	1.860963	4.390118	0.0001
FASSET	−0.318881	0.974311	−0.327288	0.7453
EXPORTR	1.941925	1.727621	1.124046	0.2682

结果显示,流动资产周转次数(FASSET)没有通过显著性检验。

步骤三:去掉流动资产周转次数(FASSET)这一变量,用最小二乘法做回归,输出结果如下:

	Coefficient	Std. Error	t-Statistic	Prob.
C	8.729696	0.669630	13.03661	0.0000
NUMBER	−0.000184	9.14E−05	−2.009854	0.0518
EXPORTR	1.457257	1.660204	0.877758	0.3857

结果表明,去掉流动资产周转次数(FASSET),保留企业个数(NUMBER),在 1% 显著水平下拒绝原假设,经检验存在异方差。

步骤四:采用怀特检验结果如下:

Heteroskedasticity Test:White			
F-statistic	5.766435	Prob. F(5,34)	0.0006
Obs * R-squared	18.35504	Prob. Chi-Square(5)	0.0025
Scaled explained SS	8.259264	Prob. Chi-Square(5)	0.1425

步骤五:采用加权最小二乘法进行回归,权重为上述检验结果的残差序列

绝对值的倒数,在 10% 的显著性水平下都通过了显著性检验,输出结果为:

	Coefficient	Std. Error	t-Statistic	Prob.
C	8.688559	0.080370	108.1065	0.0000
NUMBER	-0.000184	5.13E-06	-35.93098	0.0000
EXPORTR	1.665058	0.832599	1.999832	0.0529

Weighted Statistics

R-squared	0.972207	Mean dependent var	7.698899
Adjusted R-squared	0.970705	S.D. dependent var	17.63092
S.E. of regression	0.303736	Akaike info criterion	0.526721
Sum squared resid	3.413450	Schwarz criterion	0.653387
Log likelihood	-7.534421	Hannan-Quinn criter.	0.572519
F-statistic	647.1465	Durbin-Watson stat	1.668265
Prob. (F-statistic)	0.000000		

3. 回归结果分析

从回归结果可以看出,利润率和企业个数存在负相关的关系,企业个数每增加 1%,利润率下降 0.0184%,与基本假设相符,说明市场结构发生了变化,意味着垄断市场结构开始向竞争市场结构转变,利润率下降。

利润率和出口值占总销售值比例是正相关的,该比例每增加 1%,利润率增加 1.665058%,可见,出口商品价格利润率相对较高,是企业的盈利点。

7.4.2　结论和政策建议

对中国汽车零部件行业的实证分析进一步验证了 SCP 理论,市场结构和市场行为对市场绩效有显著影响;同时证明本文所提出的假设正确,行业利润与企业数量负相关,与出口率正相关。

由以上结果和分析,结合中国汽车零部件行业的现状,现提出以下建议:

(1)正确控制企业数量。有人认为与欧美国家相比,中国的汽车零部件行业企业数量显得过多,应该减少一些。但是,中国汽车零部件市场是垄断性质结构的,不应该由政府强行减少企业数量,应考虑放松政策壁垒,引导企业创建和发展,发挥优胜劣汰的市场规律,让企业数量自行调整。

(2)鼓励出口。产品出口才能赢得高额利润,中国的汽车零部件产业尚处于幼稚产业,政府应放松相关政策,扶持相关企业向国际发展,不仅要将外资吸引进来,更要使产品走出国门,寻找适宜生存的国际市场。

(3)应该扶持中小企业的发展。中小企业是产业发展的中坚力量,虽然与大企业分工不同,但是它们与出口市场接触得比较多,更容易打入国际市场,优化资源配置。

参考文献

[1] Waldman DE,Jesnsen EJ. Industrial Organization:Theory and Practice [M].北京:机械工业出版社,2009:110-120.

[2] Hirschman AO. The paternity of an index[J]. American Economic Review,1964,(5):761.

[3] 简怡.中国汽车零部件产业集中度研究[D].硕士学位论文,重庆大学,2004.

[4] 苏东水.产业经济学[M].北京:高等教育出版社,2000:51.

[5] 杨沐.产业政策研究[M].上海:上海三联出版社,1988:257-265.

[6] Bain JS. Industrial organization[M]. New York:Harvard University Press,1959.

[7] 陈军,成金华,付宏.中国汽车产业:SCP 范式的分析[J].产业经济研究,2004(06):14-20.

[8] 马静静,刘峰.模块化时代下中国汽车零部件产业组织动态分析[J].知识经济,2011(1):4-5.

[9] 罗元青.产业组织结构与产业竞争力研究——基于汽车产业的实证分析[D].博士学位论文,西南财经大学,2006.

[10] 于焱.中国汽车零部件产业竞争力研究[D].博士学位论文,吉林大学,2008.

[11] Collins NR,Preston LE. Price-cost margins and industry structure[J]. Review of Economics and Statistics,1969(51):277.

第8章 中国汽车零部件产业发展模式分析(三)：产业发展动力分析

本书在第 4 章从理论上论述了产业发展的动力系统。我们在第 4 章理论分析的基础上,根据中国汽车零部件产业的特点,来分析市场、人力资源、资本、技术创新和制度(主要指产业政策)这五个因素对中国汽车零部件产业发展的推动作用。

8.1 中国汽车零部件产业发展的市场动力

中国汽车零部件市场可以分为三个部分,分别是专为整车配套的 OEM 市场、售后服务市场和零部件出口市场。配套市场主要为整车企业配套服务,配套市场的企业约占零部件企业总数的 20%;售后服务市场主要为汽车维修保养提供配件服务,售后市场的企业约占零部件企业总数的 80%;而出口市场主要是满足国外售后市场的需求。部分零部件企业不仅仅局限于某一个市场,可能同时向两个甚至三个市场销售。

8.1.1 配套市场

由于整车企业的快速发展,中国汽车配套企业自主创新体系建设取得一定的进展,企业自主创新能力处于提高的过程中。本土零部件企业在传统的、低附加值的零部件产品方面已经形成一定配套规模,比如车轮、轮胎、玻璃、机械式转向制动、座椅等,但是在高技术含量、高附加值的零部件产品方面基本上由外方独资企业或者合资企业控制。中国汽车零部件产业是在商用车零部件基础上发展起来的,大多数企业对零部件市场的投资都没有达到较理想的效果,只有少数的企业在拓展乘用车零部件的领域中发挥了较好效能。

中国零部件企业要想抓住全球市场发展机会,使配套市场成为推动中国

汽车零部件产业发展的一大动力,必须面对两大挑战:

(1)当今世界汽车产业技术进步发展迅猛,要在配套市场占有上具有较大优势,我国汽车配套企业在自主创新的问题上必须要有行之有效的方法,需要在体系建设上加以完善。在已经出台的汽车产业振兴规划中多次提到"关键零部件技术实现自主化",国家政府和企业层面都在采取相应措施。一些企业通过海外并购、与整车建立研发联动机制以及加强企业自身技术人才培养等提高自主研发能力。

(2)随着日益增多的外资汽车零部件企业进入中国,本土的汽车零部件企业进入配套体系的难度日益加大。在中国的跨国整车生产企业也将会根据自身原则重新筛选和调整他们的主要供应商。根据《中国汽车零部件蓝皮书》分析,日系企业紧密合作的零整关系模式被证明具有制度上的优越性,主机厂和零部件企业稳定的合作关系有利于供应链的稳定和高效,很多跨国汽车企业在供应链的组织上有效仿的趋势,外资零部件企业的配套份额正在扩大。所以需要本土零部件企业在技术和管理等方面加快缩小和竞争对手的差距。

8.1.2　售后市场

中国的汽车保有量随着汽车销量的增加,基数越来越大,随着大量车辆开始进入保修阶段,售后市场的发展将对零部件产业产生很大的推动作用。根据 2011 年中国汽车工业统计年鉴资料显示,"入世"10 年以来,国内汽车市场快速增长导致汽车保有量迅速增加,已由 2001 年的 1802 万辆增长至 2011 年的 9350 万辆。根据业内预测,如果每年售后市场的规模能达到 3000 亿元,那么中国的汽车保有量就可以达到 1 亿辆。

汽车售后零部件主要包括了制动器总成、制动油管总成、变速器总成、车厢总成、座椅总成、门锁总成、排气管消声器总成、升降器总成、仪表板总成、前后保险杠总成、前悬挂总成、拉索总成、助力器总成等。

从中国汽车零部件售后市场的发展历程来看,主要经历了三个阶段。第一阶段是 20 世纪 80 年代末至 90 年代,中国零件售后市场呈现供不应求的状态。市场上的产品主要以进口汽车原厂零件为主,零件销售商主要是以特约、授权的形式,进行进口、批发、零售。第二阶段是 20 世纪 90 年代后到 2000 年,中国汽车零部件售后市场呈现供需平衡的状态。市场上存在着合资汽车品牌的原厂零件、正包、下线甚至假冒原厂的零件,形成了以"4S 店专供"为代表的销售体系。合资车型呈现"百花齐放"的状态,中国各地都形成有地域影响力的汽配市场。第三阶段是 2000 年以后,中国汽车零部件售后市场呈现供大于求的状态。市场中汽车品牌与零件品牌并存。除原厂零件外,假冒品牌件也很多。销售体系中,"4S 专供"和"售后品牌零件供应"都是市场渠道,各品牌零件竞争十分激烈。

售后市场对中国汽车零部件产业的推动作用很大程度上取决于本土汽车零部件产业和国外品牌产品的竞争。国际品牌有着先进的市场运作理念和丰富的品牌经营经验,本土企业的产品和品牌有被边缘化的趋势。本土的汽车零部件企业需要在以下方面缩小和竞争对手差距,以争取更大的售后市场份额,推动中国汽车零部件产业的发展。首先,要建立强有力的运作仓库,来满足中国丰富的产品线和持续高效服务的要求。随着消费者对车型多样化的追求,零部件售后市场需求多样化,小批量多品种供货体系需要建立相应规模的仓库,引入先进的企业管理系统进行管理。本土企业必须在这方面发挥本土优势。其次,要利用先进的科技、市场和物流优势为整车商提供具有增值作用的后市场服务。售后市场不仅需要仓库备货,而且需要快速物流响应。售后市场和配套市场相比,计划性较弱,对快速有效服务要求高。最后,结合售后市场部门和企业研发部门,利用技术优势,改善售后市场服务质量。售后市场和配套市场相比,更注重服务,包括售前、售中和售后服务。由于车型多样化,零部件的型号更是多而复杂,大多数车型的型号是不能通用的,需要对产品进行研究、分类、编号,针对市场的需求提供正确的产品。

8.1.3　出口市场

中国汽车零部件出口形成了以山东省、上海市、广东省、江苏省和浙江省为主的出口基地,已经建成了 12 个国家级零部件出口基地。中国汽车零部件出口目的国家达到 216 个,其中主要出口国是美国、日本、韩国、德国、英国、加拿大、澳大利亚、意大利这八个发达国家。出口到这些国家的出口额约占整个出口额的 61%。从 2004 年开始我国汽车零部件开始顺差,近几年来出口一直保持良好的发展态势,但同时也面临着出口产品多为低端型产品、出口市场单一、出口企业不合理这些问题。

出口市场曾经是推动中国汽车零部件产业发展的很大的市场动力。①从数量上来看,根据中国汽车工业协会公布的数字(图 8-1),2011 年中国汽车零部件出口总额为 466 亿美元,约是 2001 年同期的 13.49 亿美元的 35 倍。②从增长率来看,在 2003 年之前增长率是非常高的。当时由于北美等发达国家地区迫于成本压力,通过全球采购降低零部件成本,中国是他们主要的采购目标市场。在出口市场的拉动下,有一大批中小民营企业进入汽车零部件产业,推动了产业的发展。在 2005 年左右,由于汇率的变动和美国次贷危机的影响,导致出口市场出现波动。而 2009 年的波动是由于欧债危机和世界经济的不确定性,影响全球的汽车产业。但是,总体上从增长率来看,出口市场经历了一轮很大的发展。这一轮发展不仅带来了中国汽车零部件企业数量的快速发展,也带来了技术外溢和先进管理方法的外溢。一些国外公司在和本土出口企业的合作中,会在产品生产技术和工艺、企业流程管理、交货配合等方面进行沟通磨合。所以,可以明显地看到,做出口市场的零部件企业比只做国内售后市场的零部件企业在经营理念和管理上更为先进。③出口市场有利于零部件产品生产的多品种化。在主机市场要供应长的产品线是比较困难的,但是在出口市场,由于国外一些已有产品标准要求没有主机产品那么高,所以出口的产品品种能更多,而且也涉及发动机、电子配件等技术含量比较高的产品。由图 8-2 可以看到,按照出口产品大类分,行驶系统出口所占份额最大,以近 191.56 亿美元的金额占到汽车零部件出口总额的 41%;其次是汽车电子电器,出口金额超过 86.48 亿美元,比例达到 18%;转向系统及其零部件的出口金额所占份额最低。

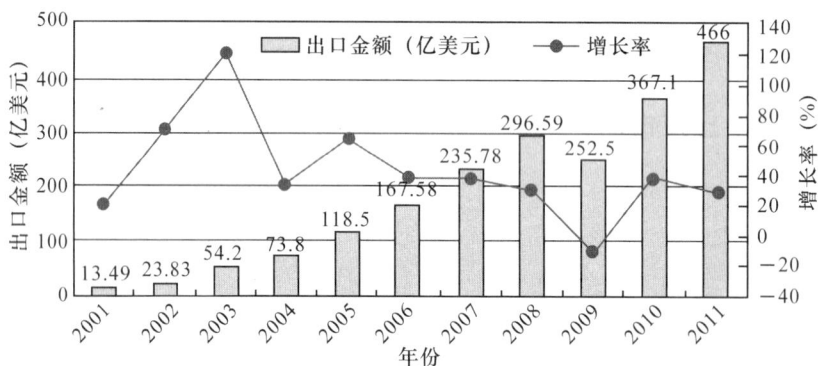

图 8-1　2001—2011 年我国汽车零部件出口金额及增长率

数据来源:汽车工业协会

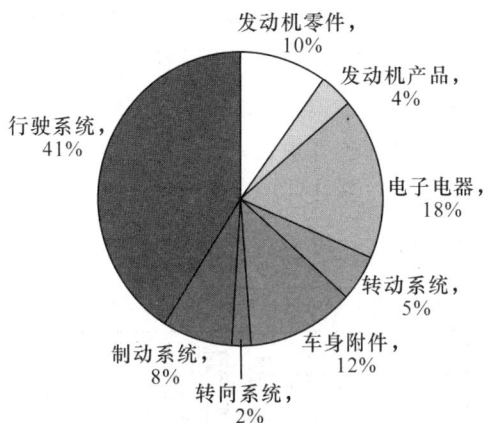

图 8-2　2011 年汽车零部件产品出口金额比例

数据来源:汽车工业协会

但是出口市场对中国汽车零部件产业的推动作用在下降。首先,由于汇率变化和中国劳动力成本的上升,中国零部件产品的价格优势在丧失,而越南、印度、墨西哥、泰国、澳大利亚等国家的成本优势与中国形成了竞争。其次,出口市场在缩小。一方面是由于受到全球经济环境的影响,北美、欧洲等汽车市场低迷,导致出口市场上的需求量的绝对减少;另一方面,随着外资在华工厂的扩张,外资或合资的零部件供应商产品出口额占零部件产业销售额比率在增长。最后,经过一轮采购热潮后,国际采购商更加注重对供应商的选择,对潜在的有培育价值的供应商进行培养,然后慎重选择,在中国采购也越来越理性。同时积极整合自身物流,以适应根据在不同国家地区的优势来分散采购目的地的策略。

图 8-3 是 2011 年 1 月至 2012 年 3 月汽车零部件按月统计图,从中可以看出,出口市场趋于稳定的趋势。2011 年 3 月份汽车零部件出口量获得较大增长后,增长率一直徘徊于 0 附近;2012 年 2 月份增长有所加快,但 3 月份后,增长率又出现下降。

出口市场虽然趋于稳定,但是其对中国零部件产业的推动作用还是不能忽视的。本土零部件企业需要在以下几个方面得到加强来提高自身的国际竞争力。

首先,中国汽车零部件企业需要建立自己的品牌。中国本土零部件企业在国际上享有声誉的品牌很少,整体实力与竞争力尚需提高。我们要做汽车及零部件强国,就必须要有国际知名品牌的产品,并通过各种手段包括政策支持和优化市场秩序等方式,培育更多本土汽车零部件品牌的发展。品牌是形成核心竞争力的载体和重要手段之一,倘若始终不能有自己的零部件品牌,那么本土汽车零部件企业只能沦为跨国公司廉价的生产加工点;没有开发拥有自主产权的产品,在谈判中也没有地位和话语权。其次,要通过加强企业内部管理,降低运营费用来降低产品成本。靠廉价劳动力维持产品低成本优势的阶段已经过去了,要通过向国际市场提供高性价比的产品赢得竞争优势。

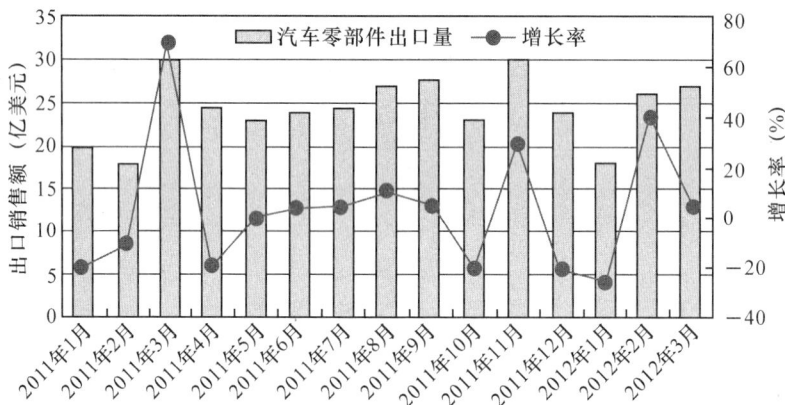

图 8-3　2011 年 1 月—2012 年 3 月汽车零部件出口量及增长率
数据来源:汽车工业协会

8.2　中国汽车零部件产业发展的人力资本动力

8.2.1　一般人力资本(劳动力)

首先劳动力的数量对中国汽车企业发展起到推动作用。中国汽车零部件产业在发展过程中,同样受到一般人力资本存量多少的影响。一般而言,如果保持其他因素不变,在产业发展的过程中,特别是形成和发展阶段,一般人力资本存量如果相对较为丰富,产业在经历快速发展的过程中得到的劳动力支持比较充分;反之,如果在产业发展的过程中,一般人力资本存量相对匮乏,则会制约产业的快速发展。当前,我们可以看到中国汽车零部件产业经历了一轮市场规模不断扩大,产品需求量快速增加的扩张过程。所以,零部件企业也正不断购买生产设备和生产资料,扩大生产规模以满足市场需求,这个过程毫无疑问地也是大规模吸收劳动力的过程。从表 8-1 可以看出,随着中国汽车零部件产业的发展,劳动力是大规模上升,劳动力的量的大幅度增长对中国汽车企业发展起到了促进作用[1]。

表 8-1　2001—2010 年中国汽车零部件从业人员数量表

年份	2001	2002	2003	2004	2005	2006	2007	2008	2009	2010
从业人员平均人数（人）	745529	789378	926684	1053019	1169378	1333869	1530248	1704061	1828652	2145788

数据来源:根据国家统计局汽车零部件及配件制造业数据库整理

其次,中国廉价劳动力导致的产品成本优势推动了中国汽车零部件产业的发展。可以看到,由于中国有大量的农民工,经过简单的培训就可以成为汽车零部件产业的一般人力资本,满足了中国汽车零部件产业发展和扩展过程中对一般人力资本的需要,所以中国的零部件产品就可以持续保持成本和价格上的优势,形成了中国零部件产业的一大竞争力,即价格上的优势。可以想象,如果中国汽车零部件产业在扩展过程中,一般人力资本不能得到及时的补充,企业招不到劳动力,势必引起工资上涨,推动零部件产品成本增加,很可能导致产品失去竞争优势。

与此同时,目前中国汽车零部件产业的劳动力素质和专业技能都是偏低的。要对中国零部件产业产生持续的推动作用,必须提高产业内的劳动力素质和技能。对企业来说,为使自己在激烈的市场竞争中处于有利位置,保持并提高其竞争力,必须通过对其员工进行定期或非定期的专业技能培训,提高员工职业素养和技能水平,掌握一技之长,提高劳动力自身素质,从而推动中国汽车零部件产业总体态势进步。

8.2.2　专业人力资本

事实上,汽车零部件产业本身是资本密集型的产业。在中国汽车零部件产业早期发展历史中,占据重要地位的是物质资本的投入,而从业人员主要以初级人力资本为主,工程师和高级技术人员占劳动力数量比例偏低,因此在中国零部件产业发展初期,专业人力资本的要素对整个产业的推动作用不是很突出[2]。

随着零部件产业的发展,企业所需要的初级人力资本有所削减,由劳动密集型产业转向资本密集型和技术密集型产业。掌握专业知识的劳动者,特别是高级技术与管理人才成为现代社会的稀缺资源。汽车零部件产业的高级生产要素包括:高等教育人力(如汽车产品设计人员、汽车工程师)、汽车研究所、先进的信息基础设施等。高级生产要素是零部件产业开发新产品、设计新工艺流程的必备条件。专业人力资本与高级生产要素二者相辅相成,专业人力资本不但属于高级要素,而且可以创造出高级要素。企业拥有科技人才的数量决定了企业的未来发展态势,是企业提高竞争力不可或缺的条件。

零部件产业在技术上连续性非常强,因此产品的优劣取决于它是否体现了企业长期以来的技术、知识、技能等多方面的积累,尤其体现在企业经验数据方面的积累;此外,汽车零部件产业在人力资本层面从过去强调对劳动者的应用型技能进行培训,逐渐转向为主要依靠科技知识教育,培养企业从业人员的创新意识和创造能力,衍变成为一种复杂的知识性劳动。此类劳动不但对个体从业人员的专业知识水平和综合能力有更高的要求,而且为求科技攻关整体功能的最优化和个人与组织的创造力获得最大限度发挥,更加需要企业家和劳动者的创业和敬业精神、团队协作力与整体凝聚力,以及社会活动能力等非智力性的精神动力和职业素养。

对于中国汽车零部件产业来说,高素质的劳动力和专业人力资本是比较稀缺的要素。虽然,当今中国已拥有大批熟悉汽车制造工艺和零部件产品制造的科学家、工程师和工程技术人员,但是,与国外汽车工业相对先进的国家相比,在高级生产要素的投入和产出方面我国仍然存在很大差距,例如企业中高端科技人才比例、企业 R&D 强度和效率、科技成果的转化率等方面都不尽如人意。如果专业人力资本的质量得不到改善,不足以令中国汽车零部件产业得到应有发展,一方面会阻碍中国汽车零部件产业的自主创新和可持续发展——技术的进步与创新对产业的发展、对整个汽车产业来说至关重要,是产业可持续发展的核心动力;在零部件产业发展中,专业人力资本通过不断积累,令产品的质量和性能大幅度提升,且在生产技术和工艺方面改进和创新,降低了企业生产投入成本,提高了产品的市场核心竞争力,从而推动了产业总体发展。另一方面,专业人力资本不足以与企业匹配时,将会导致产业的物质资本和人力资本难以达到较优化配置,产业的生产水平只能停留在生产可能性边界,容易造成生产能力的闲置。专业人力资本的技术创新成为零部件产业发展的新动力。由此,专业人力资本充分发挥与物质资本的互补性,推动产品创新和提高生产能力,从而推动中国汽车零部件产业的总体发展。

8.2.3　企业家人力资本

中国汽车零部件产业的症结所在是缺乏创新。无论是产品创新、技术创新、市场创新,还是工艺流程的创新,都需要以企业家的敏感洞察力和强烈责任感为前提,企业家人力资本的创新方面的能力对企业发展具有深远意义。由中国汽车零部件产业的总体态势来看,企业家人力资本的创新职能成为推动整个行业发展的重要组成部分。

中国汽车零部件产业的创新,是少数企业家带有偶然性的创新活动引发的,比如发现新产品、原有产品的新市场、新的制作工艺等。就是这样偶然的创新活动在获得商业成功后,极可能促进了新市场的诞生。正是因为企业家的经济活动具有很强外部性,少数企业家的创新活动容易被行业内的其他企业家和经济主体发现,并形成了所谓的竞争压力,随之将引发产业内更多的企业家从事创新活动。他们中很多人成为创新活动的模仿者与追随者,开始从事创业活动,提供相关的配套的上游或下游产业;而另一些则在其他企业家创新基础上进一步创新。少数企业家的创新活动将会成就更多的创新。

由此可见,汽车零部件产业是一个高投入、高产出、高附加值和高就业的产业。而人力资本在零部件产业发展中扮演了尤为重要的角色,在企业资本运营的增值中的能动性和核心地位不可撼动。人力资本不仅仅能够极大地提高有形资产运作效率和价值增值率,并且对企业的知识生产、应用过程中创造的技术成果、商标等无形资产也具有推动作用,使资本总量迅速扩大,质量水平以及增值能力迅速提高,推动零部件产业的总体发展。

随着世界发展对汽车零部件产品的安全性、环保性与节能性、产品的个性化以及产品技术含量要求的提高,以上各要求无疑对汽车零部件企业的研发能力提出了严峻挑战,所以人力资本对汽车零部件产业来说影响力和贡献度越来越大。人力资本投资的增加可减少固定资产的投资,对新技术与新工艺的探索也具有推动作用,从而提高产业的生产效率。根据汽车零部件产业的这一特点,我们需要加强对零部件产业人才资源的培养和利用,包括把汽车零部件产业人才开发纳入整个汽车产业发展规划中,并制定适应零部件产业发展的人才战略和规划;坚持以汽车零部件企业为载体,推动汽车零部件产业人才资源的整体开发;建立适应汽车产业发展的人力资本培养机制;建立一些优化措施和政策,包括汽车产业发展的人才流动和运行机制等。

8.3　中国汽车零部件产业资本动力

8.3.1　国有资本

中国在改革开放前,零部件产业国有资本占主导地位,当时国家对汽车零部件产业的资金投入是不足的。中国企业对汽车零部件产业投资十分有限,用于技术改造、产品开发、基础研究的经费是企业每年从税后利润中拨出的,这样汽车零部件产业的投资力度明显不足。然而,国外同类产业的投资比例大大优于我国,例如整车和零部件产业的投资比例中,日本和欧美的汽车产业业比例超过 1∶1,高的甚至达到 3∶1。中国的零部件与整车投资比例平均水平大概是 1∶3。根据《中国汽车工业年鉴》统计,1986 年到 2009 年,中国汽车工业总投资 7590 亿元,其中整车投资 5093 亿元,而零部件投资只有 2000 多亿元。

所以国家资金投入对于推动零部件产业发展的作用是不足的,主要表现为自主研发的水平低下。欧美发达国家的零部件产业具有强大的 R&D 能力,是因为他们投入巨额资金,创建了完整的技术研究中心进行研发。专家称,中国汽车零部件产业在高新技术的应用和推广、产品的研制和开发领域相较世界零部件大公司落后不止 20 年。

8.3.2　民营资本

2001 年,汽车产业的政策放宽之后,民营资本开始大规模进入。民营资本在推动中国汽车零部件产业的发展上有其特殊的优势[3]。首先,民营企业由于运作机制灵活、对市场反应迅速和价格成本等方面的优势,可以快速开拓市场。其次,民营企业的决策程序简单高效,对新市场开拓、新产品和新技术的研发采用都能做出有效率的决定。最后,民营资本的灵活性可以使其产权结构多元化,探索新的合作模式,包括:民营资本与外资合作模式;民营资本与国有资本合作模式。

但是可以看到,竞争的加剧和市场集中度的提高在逐渐压缩民营企业的成长空间。而且由于仍存在行业和政策壁垒,目前民营资本主要还是分布在产品附加值较低的汽车非关键零部件与整车制造中的一小部分领域。民营汽车零部件企业必须依靠各种形式的合作,同时加强自身的优势,来推动中国汽车零部件产业的发展。

8.3.3　外资

外资的注入推动了中国汽车零部件产业的发展。首先,这些我国汽车零部件企业的骨干企业都是由汽车零部件总成和模块的生产企业构成,它们对中国的整车配套提供了高品质的零部件支持。其次,外资企业的市场绩效要远远高于国内企业,随着世界上大型汽车跨国公司进入中国,中国汽车零部件企业的生产能力和技术水平得到提高。但是国外资本也赚取了中国汽车零部件产业的大部分市场利润。从图 8-4 和图 8-5 可以看到,不到 20% 的外资企业获取了中国汽车零部件产业的 80% 以上的市场利润。

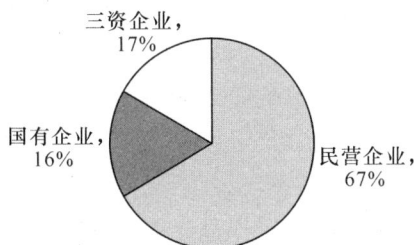

图 8-4　目前不同经济类型汽车企业数量占比

资料来源:申银万国证券研究所

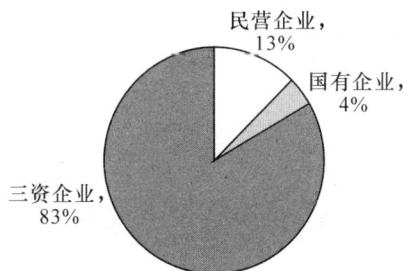

图 8-5　不同经济类型汽车企业利润贡献率

资料来源:申银万国证券研究所

外资的大量进入,带来了先进的技术和管理制度,推动了中国汽车零部件产业整体水平的发展,使汽车零部件制造体系的竞争力初步建立,在满足国内市场需求的同时,也为中国汽车零部件扩大出口提供了便利条件。国际知名汽车生产商如德国大众、美国通用、法国雪铁龙等外资来中国投资时,为了降低成本,提高本土化程度,带动了他们的协作企业到中国投资,加速了中国汽车零部件产业资本的积累。

外资对中国汽车零部件产业的发展具有两面性。一方面,中国零部件企业的全球化、系统化和模块化等趋势,在外资所带来的技术与资本以及先进的管理理念和经营模式的影响下加速形成;另一方面,外资对中国汽车零部件产业的核心技术垄断非常突出。跨国汽车零部件厂商为了独占其专有技术和先进管理技术,尤为趋向以独资的形式在华开展相关业务。近年来新批准的外商独资汽车零部件企业项目数量一直高于合资企业数量也正好说明此问题。外资虽然为中国汽车零部件产业的发展带来了资金、技术、管理,推动了国内零部件产业进步与升级,同时也占领了大量的国内汽车零件领域市场,赚取大量零部件产业空间利润,更加抑制了国内汽车零部件企业在技术和自主创新方面的能力。2009年的《中国汽车零部件产业调查研究》曾刊登过一则消息,汽油机电控系统国内产量前四名的企业都有外资背景,产量高达国内汽油机电控系统总产量的80%,联电市场份额占到40%,本土企业所占比例不足1%。

中国汽车零部件产业利用外资促进产业发展是要发挥其有利的一面而规避其不利的一面。当引进外资时,必须要考虑相应先进技术的转让问题,以便形成我国的自主研发能力,积极而有序地建立健全零部件产业技术创新机制。与此同时,急需加大国家对企业R&D的资金量投入,尽快掌握具有自主知识产权的核心技术,提高本土产业技术在全球的核心竞争能力。国内汽车零部件厂商应该从以依赖引进和仿制为主的简单生产向自主创新和开发转变,积极寻求与技术先进的公司合作,争取早日跻身于整车生产价值链前几位。

8.4 中国汽车零部件产业发展的技术创新动力

零配件作为汽车的组成部分,是汽车产业发展的基础。技术创新是推动产业发展的核心动力,是实现提高我国自主创新能力的重要途径和手段。

目前中国汽车零部件产业发展缓慢、市场占有率低的最主要原因是企业的技术创新意识缺乏,创新动力不足,只是停留在模仿创新的阶段。主要表现在以下几个方面:

(1)汽车零部件产业的技术创新基础薄弱。国内产业技术创新具有强烈依赖性,技术依赖于初始状态,长期以来生产技术含量较低的机械性零部件产品,而技术含量较高的零部件总成依赖于进口,形成了"引进落后—再引进—再落后"、"缺乏能力—只能依赖—越依赖越缺乏能力—越缺乏能力越依赖"的产业技术发展路径。这严重阻碍了中国汽车零部件产业的技术升级,核心部件的制造能力严重不足,导致了基础研究能力的薄弱,使得中国汽车零部件产业的系统化、集成化、模块化、电子化发展迟缓,同时中国缺乏相互合作的技术创新体系和平台。"因此,对于处于成长阶段的中国汽车零部件产业而言,企业由于规模和企业家理念的限制,亟待政府能够提供促进技术能力提升的平台。"[4]

(2)汽车零部件的产品结构不合理。技术创新不足直接导致了产品结构不合理,中国的汽车零部件产品集中于高能耗、低附加值的产业,从而企业所获取的产品利润也很低,使得企业进入研发投入资金缺乏的恶性循环路径中,最终将影响产业的发展。

(3)汽车零部件技术创新的人才供给不足。数据显示,中国的企业研发人员占全体职工比例为 2.5%,而外资企业在 10% 以上。大体有三个原因:①中国目前的教育体系没有培养出汽车零部件产业发展所需要的数量和质量的专业人才;②进入中国的外资汽车零部件企业用较高的薪酬待遇吸引了本来就不足的汽车零部件产业人才,导致本土汽车零部件企业人才流失严重;③中国汽车零部件产业未能建立系统的专业人才在职培训平台,导致专业技术研发人员和管理人员能力不能得到有效的提高。

8.5　中国汽车零部件产业发展的制度动力(产业政策)

8.5.1　中国汽车零部件的主要产业政策及其推动作用

这里的制度动力主要指产业政策。政府制定的相关汽车零部件产业的政策推动了零部件产业的发展,具体表现如下:

1994 年 3 月 12 日,原国家计委颁布的《汽车工业产业政策》,其中首次提出了汽车工业是中国经济的重要支柱,指导并促进包含零部件产业在内的中国汽车产业在合资合作模式上的改变,明确提出国产化要求。

2004 年 5 月 21 日,国家发改委发布修改后的《汽车产业发展政策》,主要对与 WTO 冲突的条款作出修改,并提出 2010 年使我国成为世界主要汽车生产国的目标[5]。该文件的第八章指出了中国汽车零部件产业应适应国际产业发展趋势,满足国内外市场的需要,努力进入国际汽车零部件工业采购体系,为中国汽车零部件产业指明了发展方向。2009 年,工信部会同有关部门重新修订了《汽车产业发展政策》[6]。

2009 年 1 月 14 日,国务院总理温家宝主持召开国务院常务会议,审议并原则通过了主要针对新能源汽车的《汽车产业调整和振兴规划》,提出了核心零部件自主化。

2008 年 9 月 5 日,国家发改委发布了《国家汽车及零部件出口基地管理办法》,规定了由国家商务部和发改委对出口基地进行管理和考核,落实汽车及零部件产业发展、出口增长、出口产品结构调整、自主创新能力建设等;并在原有支持措施的基础上,加大资金支持力度。

2009 年 5 月 12 日,国务院颁布《装备制造业调整和振兴规划》;2010 年 10 月 11 日,工业和信息化部印发了《机械基础零部件产业振兴实施方案》。2011 年新颁布《产业结构调整指导目录(2011 年本)》和 2011 年 7 月 31 日《中国工程机械行业"十二五"发展规划》中,对中国汽车零部件产业的发展具有明确的导向作用。围绕规划的实施,相关产业政策会进一步颁布、落实、执行,对整个汽车零部件行业产生影响。

2012 年,国家发改委、商务部公布了《外商投资产业指导目录(2011 年修订)》,于 2012 年 1 月 30 日起正式施行。该政策将鼓励重点由"整车制造"向"关键部件的制造和研发"转变。除"整车制造"等少数条目从鼓励类别中删去外,总体上增加了鼓励类条目,取消了部分领域对外资的股比限制,汽车发动机制造及发动机研发机构建设、汽车关键零部件制造及关键技术研发、汽车电子装置制造与研发以及新能源汽车关键零部件制造等领域均鼓励外资的投资。新《目录》将外资的投资重点从"整车制造"转向汽车关键技术和零部件领域,使得具备一定资金和研发能力的本土零部件企业从中受益,而对于那些尚处在代工水准的企业来说则是一场生存考验。这在很大程度上推动了国内零部件产业的升级。

8.5.2 中国汽车零部件产业政策的不足之处及改进措施

中国汽车零部件产业政策存在以下不足之处:

(1)重视整车产业而轻视零部件产业。中国的汽车产业政策，无论是1994 年版还是 2004 年版的《汽车产业发展政策》，都显示出重视整车、忽视零部件的规划思路，没有充分体现出对汽车零部件产业自主发展的支持。这两个不同时期的汽车产业政策中，虽然都提出了振兴汽车零部件产业，但在促进其发展上，均缺乏战略性、前瞻性的规划设计。

(2)产业政策目标和手段的不配套。虽然产业政策提出了提高零部件的自主研发能力，比如在《汽车产业发展政策》中，把实现零部件产业的自主研发能力提到了重要的位置，在 2009 年年初发布的《汽车产业振兴与调整规划》也明确提出了"核心零部件自主化"，但是缺乏落到实处的具体政策；在 2009 年发布的《汽车产业与规划》中，也没有对如何实现核心零部件自主化发展提出卓有成效的具体政策支持，并且在督促整车企业带动其供应商加强自主研发、推动零部件产业技术进步方面无所作为。这样不仅导致了外资对国内零部件市场形成垄断，而且使得中国零部件企业在资金投入和产品开发方面明显滞后于外资零部件供应商，更滞后于整车发展，无法与整车企业形成稳定良好的供应关系。

因此，针对汽车零部件产业的发展，在政策上要出台相关的细则。这些细则要具有可操作性，又能切合实际地为符合产业发展条件的零部件企业提供政策扶持，使得这部分企业可以有能力进行自主研发，可以有机会和主机厂共同参与新型汽车零部件的开发。虽然为了履行加入 WTO 的承诺，汽车产业政策不能明确地通过限制股比保护自主零部件企业，但是在鼓励零部件企业自主创新和提升产品开发能力方面，产业政策还需做更多的努力，比如进一步具体出台相关零部件产业的指导性政策以及提高政策的可操作性等。

参考文献

[1] 任丹.汽车工业人力资本贡献度研究[D].硕士学位论文,合肥工业大学,2007.

[2] 李序南,吴时明,王红英.现代企业人力资本的内涵[J].武汉汽车工业大学学报,1999,6(12):68-71.

[3] 胡安生,孔环锋.中国民营汽车零部件企业的发展走势研判[J].汽车工业研究,2005,(6):15-19.

［4］张邦辉,汪成华.我国汽车零配件行业技术创新困境及应对策略［J］.经济
研究导报,2010,(8):29-31.

［5］国家颁布新的《汽车产业发展政策》［J］.汽车工业研究,2004(7):2-10.

［6］汽车产业发展政策(2009年修订).http://search.mlr.gov.cn/was/detail?
record＝1&channelid＝117647&searchword＝docpeople％2F100％
2Cdoctitle％2F10％2Cdoccontent％2F1％2B％3D％28％E6％B1％BD％
E8％BD％A6％E4％BA％A7％E4％B8％9A％E5％8F％91％E5％B1％
95％29＋&sortfield＝RELEVANCE.

第9章 中国汽车零部件产业发展模式分析(四)：模式的类型、绩效分析及模式优化建议

9.1 中国汽车零部件产业发展模式

9.1.1 中国汽车零部件产业发展模式的概念和类型

1. 中国汽车零部件产业发展模式的概念

中国汽车零部件产业发展模式是指在经济全球化和国民经济发展的大背景下,伴随着汽车工业的发展,在市场动力、人力资本动力、资金动力、技术动力和政策动力的推动下,中国汽车零部件产业呈现出的发展规律和特点。这一概念的内涵和外延主要包括以下几点:

(1)中国汽车零部件产业发展模式的形成离不开其自身的产业特点。①汽车零部件产业是资本和技术密集型的产业,与其他产业相比,汽车零部件产业首先具有产业链长的特点,对经济的拉动作用大;②汽车零部件产品种类复杂繁多,不同车型的零部件通用性不同,专业性和技术性强;③该产业是要求生产高度安全的产品产业,对零部件企业的生产要求高。这些特点决定了资本和技术在汽车零部件产业发展和竞争中的重要作用。

(2)中国汽车零部件产业发展模式的形成离不开全球经济大背景。随着世界一体化的进程和各国之间贸易壁垒的逐渐打破,资源和各要素在全球流通日益顺畅,从某种意义上来说,全球的汽车工业已经融为一体。不同的产业发展模式意味着,各个国家的汽车零部件产业用自己不同的竞争优势在全球的汽车工业分工体系中扮演自己的角色,每个国家的综合竞争能力决定了其在这个全球汽车产业链中提供的价值增值,而提供的价值增值决定了每个国家参与该产业链的收益。

（3）中国汽车零部件产业发展模式的形成离不开中国经济的宏观背景和整车产业的发展背景，任何一个国家的产业发展都带有该国家的人文、历史、经济等特定的烙印，尤其是当前国家的宏观经济背景，因为形成产业发展的驱动力和宏观经济发展有很大的相关性。同时，汽车零部件产业作为整车产业的上游，既影响整车产业的发展，也受到整车产业发展的影响。整车产业的发展水平也决定着零部件产业的优势资源，影响着零部件产业的发展模式。

（4）中国汽车零部件产业发展模式是在市场等驱动因素的作用下呈现出来的发展规律和发展特点。在本书分析的四个因素中，对中国汽车零部件产业推动作用最大的一个或几个因素决定了中国汽车零部件产业发展模式的类型，而呈现出来的发展规律和特点，包括产业处于生命周期的成长期、产业以集群模式发展等前文中分析的发展特点，是中国汽车零部件产业发展模式的主要内容。

2. 中国汽车零部件产业发展模式的类型——市场和廉价劳动力驱动模式

本书第 5 章对汽车零部件产业发展模式分类进行了理论分析。根据产业发展的主要驱动力不同，可以把产业的发展模式分为要素驱动型发展模式（包括自然资源和人力资源）、投资驱动型发展模式、技术创新驱动型发展模式、市场驱动型发展模式、制度（产业政策）驱动型发展模式。由于不同国家所处的经济发展阶段不同，影响汽车零部件产业发展的因素不同，不同的驱动因素和经济环境导致汽车零部件产业在发展过程中呈现不同的发展特征。

本书在第 7 章对中国汽车零部件产业的发展动力进行考察，分别分析了市场、技术创新、人力资源和投资这四个因素对中国汽车零部件产业发展的推动作用，可以得出中国汽车零部件产业发展模式属于市场和劳动力驱动型发展模式的结论。在这里做简要的概括。

（1）市场因素对中国汽车零部件产业的发展起到很大的推动作用。中国地域辽阔、人口众多，国内市场对汽车强大的消费能力是中国汽车及零部件产业发展的根本性动力。随着国民经济的发展和人均收入的提高，以及人们需求水平的提高，汽车市场迅速发展，而且潜力巨大。汽车生产量和保有量的快速增长使得汽车零部件的主机配套市场和售后市场都将有很大的发展。而且，市场动力对中国汽车零部件产业具有推动作用还体现在吸引国外公司进入中国汽车零部件产业，由此带来的资金、技术以及管理的外溢对中国汽车零部件产业的推动作用。而通过零部件产品出口开拓的国外市场，也推动了中国汽车零部件产业的发展。这是中国汽车零部件产业嵌入世界汽车产业链的方式,在带来经济利益的同时也带来了先进的技术和管理经验。

(2)中国数量众多而且廉价的劳动力对汽车零部件产业的发展起到了支持和推动作用。中国汽车零部件产业的快速发展需要一大批产业工人,中国人口众多,随着经济发展和城乡二元经济发展,出现了一大批进城务工人员,他们经过简单的技术培训和"干中学",成了汽车零部件生产企业的操作工人。而且,中国的工人工资相对于欧美发达国家要低很多,工资的低廉导致成本较低,使得中国零部件产品在国际市场上具有价格上的竞争优势。西方汽车产业发达的国家曾经掀起中国采购热潮,极大地推动了中国汽车零部件产业的发展。

(3)中国汽车零部件产业在技术创新、投资与专业技术和管理人才以及产业政策方面对该产业发展的推动力量是不足的。中国的技术研发投入不足,研发人才缺乏,加上国外公司对核心技术的垄断导致"用市场换技术"产业策略的失败,中国汽车零部件产业的技术创新十分落后,而且与国外的差距有加大的趋势。整个产业政策体现出了重视整车产业而轻视对零部件产业的发展,使得零部件产业的专业技术和管理人才缺乏,投资比例小,国内的汽车零部件企业规模小,对产业的可持续发展造成了障碍。

9.1.2 世界主要国家汽车零部件产业发展模式比较分析

如果从与整车产业比较的角度来衡量世界上主要国家的汽车零部件产业发展状况,可以分为四类情况:一是以德国为代表的欧洲,其汽车零部件产业已经相当发达,超出整车产业处于世界前沿;二是美国、加拿大,其汽车零部件产业发展水平与整车产业基本相当,平起平坐;三是日本和韩国,其汽车零部件产业发展迅速,已经相当强大,但是仍然受到主机厂的制约;四是中国和印度,其汽车零部件产业基本上依附和从属于整车产业,没有相对独立的地位。下面分析美国、日本、德国和印度这几个世界上主要国家零部件产业发展的模式,从而得出一些对中国汽车零部件产业发展模式优化的启示。

1.美国的汽车零部件产业发展模式——技术创新驱动模式

美国汽车零部件产业和整车产业形成于20世纪90年代。纵观美国汽车零部件产业的整个发展历程,可以看到,科技创新起到了主要的推动作用。美国的汽车制造商只负责最后的组装工序,而专门的零部件厂商负责制造汽车零部件。零部件产业技术进步,得益于美国汽车整车生产规模的快速发展。在美国,每年投在包含零部件在内的汽车产业研发的总费用资金达到了200

亿美元,高于其他产业在研发上的资本投入。正是因为研发上的高投入,新的高精尖技术成果不断问世,因此美国在全球汽车整车和零部件产业领域中始终处于技术主导地位。美国整个制造业的可持续发展均得益于包含汽车零部件产业在内的汽车产业的有力支持。

美国汽车零部件产业保持持续技术创新来自于以下几个方面的条件:首先,第二次世界大战后,很多来自世界各地的杰出科学家都汇聚到美国,在很多基础性的科学和科技主导型产业上美国一直处于领导优势,在很大程度上得益于高质量人才的大量输入。同时,在教育资源的投入上,美国一直保持领先地位,保证其不断培养出了汽车零部件产业的大量高质量的人才资源。其次,美国在交通、通讯等基础设施上不断持续投入和建设。第三,美国资本市场的规模是全球第一,相对比较容易以较低的融资成本获取资本。第四,美国是历史上首先发明股份制公司制度的国家,制度上的优越性使其跨国企业数量也是全球第一,产生了一大批类似于德尔福这样的超级跨国企业。第五,美国的汽车市场巨大,吸引外国汽车公司进入,从而带来资金、技术和管理经验,使美国在技术创新上可以借鉴其他国家的有益经验。比如,由一条装配线可以同时生产两种及以上的车型,这个先进经验和生产方式就是日本汽车企业带来的,美国借鉴和汲取了该方法,使得其企业能够小批量多品种生产;而且企业可以根据市场上不同车型销量的变化,快速从一种车型转产另外一种车型。在这些纷纷进入美国的外企带来的先进经验的启发下,美国汽车及零部件厂商生产的灵活性和对市场的适应性得到了很大的提高,在生产率上也有很大的进步。

美国汽车零部件产业的技术创新主要表现在将航天技术和网络技术应用于汽车产品。早在20多年前,美国就开始筹划把航天技术运用在汽车内燃机上,提高汽车燃油效率,以节省汽车的能耗。他们在以下几个方面进行了研究:第一,把原来用于航天领域的燃料电池进行技术改造来用于汽车产品,致力于超高效发动机的开发;第二,研究超容量电容器,在汽车启动和刹车时能够快速供电和蓄电;第三,改进产业的制造工艺,使其更加先进,比如设计的计算机化和采用先进的自动化控制系统;第四,针对能够降低排气污染的催化剂研究。

美国不仅把航天技术应用于汽车及零部件产品上,而且还最先把电脑网络技术应用于家用汽车上,加强了家用汽车和外部的信息沟通。比如自动声辨技术系统就是由美国汽车企业和计算机公司共同研发的,该系统可使司机在开车时,不用动手或者转移视线来接收外面的信息,只要通过电脑和无线电话就可以安全地和外界沟通。再比如,车载上网系统也是科技应用的一项成果。还有一些概念车的推出,体现了其高科技。比如,有的车没有仪表盘,当司机坐上车时,前面玻璃上会出现仪表盘;有的车用计算机系统取代手动驾驶;有的车开发了语音控制系统,靠声音可以来开关车门,等等。虽然只是概念车,不是真正面向市场销售的,但是体现了美国在高科技领域的领先能力。

同样,美国高科技的研发在零部件领域也是非常突出的。在汽车零部件、汽车安全气囊、汽车发动机系统、汽车噪音和制动等方面的研发上,美国的汽车及零部件企业投入了很大的人力、物力和财力,采用了计算机进行辅助设计和制造。正是因为计算机辅助和同步工程的结合,准确地验证并且引导了新产品的设计理念、分析动力系统、产品模块的功能和预期寿命。综合计算机辅助和数值控制及坐标测量,预先做精密的三维空间表面加工,可以减少很多不必要的失误。这些都使得美国汽车及零部件产业拥有别人不可替代的核心竞争力。美国汽车产业在历史和当代都是依靠高科技获得良好发展,高科技创新推动企业发展是美国汽车零部件产业发展的模式。

2. 日本的汽车零部件产业发展模式——产业政策驱动型[1]

在日本,汽车产业被称为"十分之一产业",因为从包含汽车零部件产业在内的汽车产业占整个日本机械制造业的比例来看,其占了 10%～15% 的产值、10% 的全部就业人口、10% 的设备和研发投入以及 20% 的出口额。

二战后日本开始了经济复苏,各个产业的发展都是基于对欧美的学习和赶超,汽车及零部件产业的崛起也不例外。但是在所有推动汽车及零部件产业的发展因素中,其产业政策的作用是非常大而且特殊的。从发展现状来看,日本有一大批实力超强的汽车零部件产业发展起来了。根据 2010 年 *Automotive News* 杂志资料显示,全世界汽车零部件供应商排名前 40 位中,日系企业就有 14 家,占到了 1/3,超过了美国和德国,而美系、德系企业分别只有 10 家和 9 家上榜。其中,日本电装企业凭借其年度营业收入 328.5 亿美元跃居第二位。前 40 位制造商中,日本企业的营业总收入达到 1474.43 亿美元,占到了总营业收入的 1/3。不仅在销售额上占有强势,同样日本在汽车零部件产品的技术水平方面也拥有全球领先的技术。以电装这个企业为例,其产品涉及发动机管理、环境保护、车身电子、信息和通讯、驾驶控制与安全等众多高科技领域,电装企业已经有 20 多种产品排名全球第一。当今汽车的高科技主要体现在使用了大量的电子元件,推动汽车零部件的自动化和智能化发展,而日本在电子产业的优势进一步促进了零部件产业的技术优势,其在电子芯片、元器件的生产和研发上在全世界都处在垄断地位,一直占领着半导体、集成电路等高科技和高附加值核心零部件市场。而在车载电子系统、显示屏等产品的售后市场,日本产品也一直拥有很大的市场。同时,日本汽车零部件公司一直加大其在全世界的投资步伐。截至2009年,日本汽车零部件在全球投资工厂超过1500家,主要分布在中国、北美、东盟、欧洲等地。

日本汽车及零部件产业的崛起与日本政府的保护与扶植密切相关,而这种保护扶植的重要手段就是产业政策。对外保护和对内竞争是日本产业汽车产业政策的重要特点。其中,对外保护的汽车产业政策阻止了欧洲、美国等其他汽车产业发达国家的企业进入日本汽车市场,为处于"幼稚阶段"的日本汽车产业提供了很好的保护作用,为其产业从弱小到充分发展提供了充足的时间。而对内竞争的产业政策使得其国内的汽车产业市场展开充分的竞争,促进了其汽车企业的发展壮大。日本的汽车及零部件产业政策可以分为三个阶段:

第一阶段是二战前,扶持起步的产业政策。1918年,日本政府颁布《军用汽车补助法》,标志着日本汽车及零部件产业的诞生。由于当时的日本,一方面机械生产还是处在向外模仿的落后阶段;另一方面,汽车产业发展的其他基础产业,比如钢铁、化学等相关材料也十分落后,基本依靠进口,所以当时日本的国产汽车及零部产业发展缓慢。1925—1935年期间,美国汽车垄断了日本市场,而且它们控制着汽车及零部件的技术标准,于是政府重申要扶植发展民族汽车产业。日本政府接下来颁布了一系列法律和政策来扶持其汽车和零部件产业的起步,具体内容见表9-1。

表9-1　日本政府扶持汽车和零部件产业发展第一阶段的产业政策[1]

年份	具体内容
1929	商工省成立"国产振兴委员会",鼓励发展国产汽车
1931	国产振兴委员会成立"汽车工业调查委员会"。不久,指定由石川岛制作所等三家企业来共同制定国产汽车技术标准
1932	在政府支持下,三家企业联合组成"国产汽车组合",共同协调生产和分配政府补助金。同时,政府大幅度提高汽车及相关部件进口关税,如零部件关税由30%提高至42%
1933	石川岛制作所与达特公司合并,组建"汽车工业公司",后又与东京瓦斯电气共同出资组建了"协同国产汽车股份公司"

续表

年份	具体内容
1936	颁布了《汽车制造事业法》,该法律提出"彻底赶走美国企业,建立许可生产体制、扶植民族汽车工业发展"的明确方针。其主要内容包括:①年产量3000台以上的企业,必须经过政府的许可;②许可企业的股东、资本金、决策权以及董事会半数以上是或属于日本人;③对于许可企业,免5年企业所得税、营业收益税、地方税及相关设备和材料的进口关税;④许可企业在发行公司债时可以享受商法特例待遇;⑤对国产汽车同类产品实施进口限制并且征收倾销税;⑥政府有权向许可企业下达生产计划、停业、合并、解散、制造军用汽车及零部件等命令。该法实际上彻底关闭了外国企业在日本经营的大门。此后,政府进一步加强经济统治,相继颁布了《外汇管理法》、《临时资金调整法》、《进出口临时措施法》、《国家总动员法》等法律文件
1939	福特和通用彻底结束了在日本的经营活动。日产、丰田以及东京汽车工业公司等三家民营企业被批准为《汽车制造事业法》许可企业,享受政府扶植

第二个阶段是二战后到 20 世纪 50 年代末,扶植与保护的产业政策。1945 年,联合国驻日总司令部(GHQ)同意日本恢复汽车生产。日本政府抓住这一时机,积极进行产业政策调整,为日本汽车和零部件产业的崛起画上了关键的一笔。这个阶段的产业政策,尤其是《机械工业振兴临时措施法》的颁布,在很大程度上推动了日本汽车和汽车零部件产业的发展。日本零部件设备现代化改善率达到 78%,生产效率提高了 11%～39%、生产成本降低了9%～64%。日本汽车质量性能取决于零部件制造水平。其具体实施的汽车产业政策如表 9-2 所示。

表 9-2　日本政府扶持汽车和零部件产业发展第二阶段的政策[1]

年份	具体内容
1945	商工省制定了《汽车工业基本对策》,宣布支持汽车工业发展,以提供融资的方式来支持汽车及零部件企业实施设备更新等合理化措施
1947	政府推出《优良汽车部件认定规则》
1951	通产省提出汽车产业保护方案:①长期投资向小轿车设备的投资项目倾斜;②对汽车设备的进口实施优惠措施;③对汽车零部件及原材料进口采取优惠措施;④对研究用小轿车进口及专利购买予以优惠;⑤对国产轿车免于物品税,提高进口轿车物品税
1952	制定《关于汽车零部件生产设备贷款规定》
1952	通产省印发了《理解国产轿车意义》宣传手册,重申保护本土企业必要性,提出:①企业要生产适合国情的小型轿车;②推进汽车及关联产业发展来带动经济发展;③轿车国产化可有效防止外汇储备流失;④在国产轿车体系确立前,实施保护措施等。然后通产省颁布了《关于轿车生产业务合作与组装合同的处理方针》,对以与外商合作方式引进技术的企业优先分配外汇。在政府鼓励下,各企业纷纷选择与欧美企业合作引进轿车生产技术

　　第三阶段是 20 世纪 60 年代后,渐进放开,出台具有国际化竞争力的产业政策。经过前面两个阶段的产业政策的保护和引导,日本汽车整车和零部件产业取得了实质性的进步和发展。到 20 世纪 60 年代后的第三阶段,日本汽车和零部件产业政策开始转向贸易与资本自由化,逐渐放开对该产业的保护,具体内容见表 9-3。经过第三阶段产业政策的引导,日本的汽车和零部件产业在国际上的竞争力逐渐增强。石油危机之后,日本汽车出口量大幅增加,1977 年竟然达到了 435 万台,首次超过总产量的一半;在 1980 年则进一步增加,达到 600 万台。其出口市场主要集中在美国市场,1980 年在美销量达 178 万台,约占到了美国市场的 20%。

表 9-3　日本政府扶持汽车和零部件产业发展第三阶段的政策[1]

年份	具体内容
1961	通产省发表《关于汽车工业政策方针》,提出实施汽车资本自由化
1962	通产省在产业构造调查会增设小汽车委员会,下设量产化、零部件、市场销售、环境改善以及需求预测等 5 个分会,组建起汽车自由化对策的组织机制:①建立批量生产体制,鼓励兼并;②以财政资金为主,实施重点投入;③对外国车进口采取逐步放宽的方针;④推进零部件产业合理化、共通化;⑤控制新厂家,维持行业稳定;⑥完善生产、销售及金融体制;⑦实施道路综合整治,整备产业环境等。在通产省大力倡导国内企业合并重组、"慎重与外资合作或引进外资"的影响下,日产公司在 1966 年与王子汽车合并、1968 年与富士重工实施业务合作;丰田公司分别于 1966、1967 年与日野和大发签署合作协议。在日本国内形成了丰田、日产两大企业集团,不仅构建起从卡车到轿车的全系列产品体制,还组成了"协丰会"、"宝会"等零部件系列供应体制
1965	日本放开对汽车保护的真正原因是迫于国外强大压力,特别是在日美汽车贸易摩擦以来,美国压力成为其改变政策的关键。日美摩擦主要围绕进口自由化、关税和资本自由化等三大问题展开。在进口自由化方面,美国充分利用 IMF 和 GATT 等国际组织向日本施压,日本被迫于 1965 年实现全部轿车进口自由化
1968	关税方面,从 1964 年"肯尼迪谈判"到 1967 年第六次日美经贸会议的长期交涉,双方最终达成协议:"从 1968 年 7 月 1 日起,除部分零部件,日本 5 年内降低关税 50%。"

　　从以上对三个阶段的产业政策的分析可以看出,日本汽车产业政策也是动态发展的;伴随着经济形势以及产业环境的发展变化,日本政府也在不断调整产业政策的方针、内容。然而,在推动汽车产业发展的同时,产业政策也培育了国内竞争的市场环境,使得企业创新活动活跃,也弥补了政策的不足之处。

— 136 —

3.以德国为代表的欧洲汽车零部件产业发展模式——技术和市场驱动型

德国的汽车及零部件产业的发展是欧洲该产业发展的典型。作为世界第一大出口国,德国在汽车及配套供应工业、机械设备制造工业、电子电气工业和化工业这四个产业具有相当的出口优势。德国作为世界汽车的发源地之一,是世界第四大汽车生产国,拥有宝马、奔驰、大众等众多名牌汽车以及博世等名牌汽车零部件[2]。

总体来看,德国汽车零部件产业的发展主要是其突出的技术创新能力和强大的市场运作和占领能力。在市场竞争中,德国汽车及零部件产业市场和技术保持领先,两者的结合使其保持巨大的核心竞争力。

(1)技术创新

日耳曼民族特有的精细和专注的精神使德国在技术创新上追求完美,所以其在汽车产品的制造上也追求精益求精,汽车及零部件成为德国科技实力的主要载体。无论是生产奥迪、宝马、奔驰等高档整车的企业,还是零部件企业,都把技术领先作为企业的核心战略。以德国零部件企业博世集团为例,博世在全世界有 3 万名研发人员,2010 年研发总投入达到 36 亿欧元,占到销售收入的 7% 以上,在全世界范围内申请专利达到 3000 多项。博世公司的制造、销售和售后服务网络覆盖全球 140 多个国家和地区,建立子公司约 300个、服务中心 13000 多个。在 2010 财年,博世集团约 263500 名员工在汽车技术、工业技术、消费品和智能化技术领域,创造了 473 亿欧元的销售业绩。

首先,德国汽车及零部件生产企业为了提高其核心竞争力,把产品技术创新和研发工作放在最重要的位置,这保证了德国的汽车和零部件产业始终处于技术领先的位置。在企业层面,德国的汽车和零部件企业把新产品的开发储备和技术创新研发作为公司发展战略的首要目标;在国家和产业层面,德国对其汽车和零部件产业的发展一直都有全面、系统的考虑和规划。

德国汽车及零部件企业强调在资金和人力上对技术创新和研发的投入。德国汽车及零部件产业有着数量众多的研发人员,主要集中在对新产品和技术创新研发领域,而且无论宏观经济环境是否良好,德国的汽车及零部件产业的研发人员的比例都在不断增长,目前德国的汽车和零部件企业的研发人员的比例约为 11%。据统计,德国最近十年来,在汽车及零部件产业上的研发投入达到了约 2000 亿欧元,这些投入每年创造出超过 3600 个专利。德国汽车和零部件产业平均每十天就有一项专利产生,位居世界第一。从事汽车研发工作的职员占到了其工业部门全部研发职员的 28%,而汽车及零部件产业

1/9 的职员属于研发部门。可以看出,在对科研的重视和在科研方面的投入确保了德国汽车产品在全球的技术领先优势。

其次,德国汽车及零部件企业管理者大多具有工程师背景也是其保持技术上领先的原因之一。作为德国汽车及零部件产业的核心竞争力的重要组成部分,企业的管理者、管理团队的知识结构对企业文化的形成有决定性的影响。在大多数德国企业中,"工程至上"的企业文化早已根深蒂固,以至企业的决策者和领导者既有着扎实深厚的专业知识功底,也有着丰富的管理经验。比如,大众集团董事局主席文德恩很多年都是在研发领域工作;保时捷创始人弗迪南德·波尔舍原来是汽车设计师。德国的人力资源培养了一大批结合工程技术和管理技术的企业领导和管理者,这对德国汽车和零部件产品不断创造技术上的革新和突破有很大的积极影响。

第三,整车生产企业不断降低其加工深度,更多的加工和研发任务转移到汽车零部件企业,使得研发不断集中和专业化。越来越多的产品技术创新都来自于零部件企业。以博世、大陆、ZF、蒂森·克虏伯、西门子 VDO、巴斯夫、Hella 等为代表的德国汽车零部件企业不断进行技术创新,研究市场和用户的需求,全球布局,充分利用各地有利资源,在技术创新和研发领域加强了核心竞争能力。

德国汽车及零部件产业先进的技术使其在以下几个方面有着不可比拟的优势:①环境保护。从一组对比数据可以看出德国汽车产品的环保技术的巨大进步。和 1990 年相比,人均汽车行驶的公里数、公路货运总量在 2005 年的时候分别增长了 48% 和 138%,但是车量尾气排放总量仍保持在 1990 年的水平。②汽车安全。得益于德国汽车主动安全技术的高普及率,其公路交通事故很少出现,事故发生率一向较低,而且逐年降低。很多安全技术在 30 年前就成为常用汽车标准,2007 年德国汽车 ESP(车身电子稳定系统,博世公司的专利)的装配率达到了 46%,而中国的对比数据为 7%。③品质。质量监控一直受到德国企业的重视,其汽车及零部件产品总是在质量排行榜上名列前茅。德国品质在市场上的信誉非常好。

(2)市场开拓

德国的汽车及零部件企业具有非常强大的国际市场开拓能力,一方面是由于其产品质量和技术的领先,而另一方面是由于其成熟的市场运作能力和丰富的市场运作经验。巨大的全球市场对德国的汽车及零部件产业有着非常强大的推动作用。

德国汽车工业联合会数据显示,2007 年,德国生产的 620 万辆汽车中,出口占了 75%。德产汽车出口的主要地区是西欧;德国汽车对东欧、亚洲的市场占有率在稳步上升,中国和俄罗斯正在成为德产汽车重要的销售市场,德国品牌占据了中国高级轿车市场 80% 的份额。同样,德国汽车零部件企业占领国际市场的步伐也非常快。德国拥有遍布世界各地的汽车零部件生产基地,而且呈现出巨大的增长趋势。到 2004 年年底,德国汽车零部件产业在全世界74 个国家设立了 1758 个生产厂和许可生产厂。重点区域是西欧,保持在34% 的比例;中东欧(如俄罗斯、乌克兰、保加利亚、罗马尼亚等)的比重增加明显,从 20 世纪 80 年代末以来,德国在这些国家的汽车零部件企业数量增加了4 倍;在北美有 333 个生产基地,汽车零部件企业数量增加了 3 倍,在美洲其他地区的企业数量达到 158 家,增加了一倍;而在中国发展是最快的,2004 年有 137 家德国汽车零部件企业,比 1990 年增加了 440%。

生产网络的增长也推动了对当地市场的占领。以博世集团在中国的发展为例,1909 年博世公司在中国开设了第一家贸易办事处,1926 年在上海创建首家汽车售后服务行,到目前该公司汽车技术、工业技术、消费品和建筑智能化技术这三大业务部门都在中国落户。博世在中国有 26200 名员工,50 家公司。2010 年,博世在中国销售额达到 373 亿人民币。

德国汽车及零部件产业在世界市场强大的竞争力,离不开相关产业的支撑,比如激光焊接、数控机床以及油漆喷涂等产业。德国汽车产业一直是世界领先的。值得注意的是,在德国,一流的汽车零部件供应商都是独立的,并不依附于汽车整车厂,他们独立面对激烈的市场环境从而积累了市场运作经验。他们一开始就是独立发展,凭借在组织结构、技术和市场垄断等方面的优势,在和主机厂的谈判中处于主动的地位。

4.印度汽车零部件产业发展模式——廉价劳动力要素驱动型

在亚洲,印度是仅次于日本在 20 世纪较早开始生产汽车的国家,但是在第二次世界大战后的很长时间内处于封闭市场内。从 1991 年开始,印度实施对外开放,宣布放宽外资在印度投资的限制,世界主要的跨国汽车公司纷纷向印度市场进军。随着外资汽车公司投资规模不断扩大,印度的汽车市场从印度民族企业独占的垄断市场向包括外资在内的汽车企业相互竞争的市场结构转变。近年来,印度政府实施"坚持高经济增长"和"改善贫困阶层生活"的政策,推进稳定的经济发展路线。作为印度经济发展的成长性产业——汽车产业与汽车零部件产业,对印度国内生产总值(GDP)的贡献度约为 4%,但是其产业相关性强,汽车产量的增长对制造业和服务业具有很大的经济关联作用。印度政府为了普及汽车应用,降低了汽车税和贷款利率。

可以看到,印度汽车零部件产业取得了很大的进步。20世纪90年代,印度汽车零部件制造商的OEM(原厂件供货配套)比例只有20%,但到21世纪初就已经提高到40%,到2005年提高到了70%的水平,而售后服务配件供应商率则降到30%。这是由于汽车零部件在产品质量、价格、交货期上都不断满足汽车整厂(总装厂)的要求。这是印度汽车零部件产业很大的进步。印度汽车零部件制造商协会(ACMA)的目标,就是充分发挥技术水平高而工资水平低的印度劳动力和高制造质量的优势,汽车零部件的出口目标预计到2015年达到250亿美元。

另一方面,从产品结构也可以看出印度汽车零部件产业的发展质量。以6种主要汽车零部件的产值(2005年度)为例,发动机部件占31%,变速箱与传动件占19%,悬架底盘部件占12%,汽车用品类占10%,电器电子部件占9%,其他车身部件占12%。从上述构成比例来看,高附加值和高功能的零部件类占大多数。根据ACMA的资料,印度汽车零部件制造商和外资企业之间的技术合作项目数(也包括与两个及两个以上企业合作数与金融合作类数量)为:日本117件,美国51件,韩国39件,英国25件,意大利24件,德国20件。从中可以看出,日本企业占多数,其对提高印度汽车零部件技术水平起到了重要作用。印度马鲁蒂·乌特尤格从事生产的雨燕轿车得到了来自日本的技术支持,其向市场推出的时间只比日本本土推出时间晚4个月。由这个例子可以看出印度汽车零部件的发展水平。

印度汽车零部件产业快速发展的原因是多方面的。首先在政策方面,即使在市场开放的情况下,印度政府1997年仍坚持提高汽车零部件的国产化率政策(在5年内国产化率提高到70%),并且规定从投产开始后的第三年起就必须承担出口义务。其次在技术方面,随着外资汽车零部件公司向印度进行直接投资,以及向印度本地的零部件制造商派遣技术人员以提高汽车零部件的质量,对提高印度汽车零部件产业作出了贡献。印度的汽车零部件制造商,即使是规模很大的,也几乎是家族企业,很难拥有强大的国际竞争力,所以许多印度企业从欧美和日本引进先进技术。据统计,1997年包括ACMA的所有成员企业和汽车零部件企业共有6350家,到2008年减少到5000家,这是在印度汽车产业的激烈竞争下,汽车零部件产业之间竞争加剧,收购兼并优胜劣汰的结果。

但是,最主要的是,印度汽车零部件产业的发展依靠的是其国内廉价的劳动力。根据 2004 年的数据,对于汽车整车制造公司来说,印度汽车零部件产业的魅力就是低廉的劳动成本。对汽车零部件业每小时工资加以比较,美国为 20 美元、韩国为 10 美元,而印度不足 1 美元。这些廉价劳动力一般来自贫困地区,通过劳务中介公司介绍给企业使用。据资料分析,和中国劳动就业人员相比,中国工人月工资约为 1500～1800 元(约合 19000～23000 日元),而印度劳动力平均月工资约为 3500 卢比(约 8000 日元,折合 70 美元),如以人民币对美元比值 6.5 元,折合人民币 525～530 元。

另一方面,根据印度调查公司(ICRI)资料,对印度汽车工业的成本(包括劳务工资以外的其他费用)调查结果表明,印度组装 1 辆汽车的生产成本为100,而中国为 77.8;同样,印度汽车零部件业生产成本为 100,而中国为 80。印度成本高于中国的重要原因是印度有复杂的税收制度,存在着税上加税情况,比如对原材料进口征收 15% 的高进口关税,而每经过一个邦,还要征收通行税和地方税,这在其他国家是鲜见的。为此,印度政府通过采用现代税收制度(VAT)试图改进印度现行的繁复的税收制度,并降低税率以增强印度汽车零部件业的价格竞争力。

印度汽车零部件产业对正在不断发展中的汽车工业提供了高素质且廉价的劳动力,它拥有能够承担 97% 零部件制造能力的众多配套企业,出现了富有企业家精神的经营管理层,大大地推动了印度汽车零部件产业的发展,提高其向全球市场进军的国际竞争力。

与中国相比,印度尽管汽车产量为 156 万辆(2004 年),其中乘用车 120万辆、商用车 35 万辆,其产量规模虽然比中国小,但却有 9 家外资汽车公司、2家合资汽车公司、6 家印度本地民族企业。印度民族企业和外资企业展开了竞争,其中印度民族企业塔塔汽车公司在 1999 年独立自主开发了乘用车 Indicar,在 2002 年又开发了 Indigo 并向欧洲出口,其产量仅次于马鲁蒂·乌特尤格合资企业。

世界汽车工业发展历史证明,一国的汽车业的发展离不开该国历史环境,包括该国的社会制度和传统的人文社会的深远背景,也离不开世界经济全球化的影响。印度是以议会制民主主义为基础的新兴国家,有尊重知识产权的传统,又拥有相当发达的现代信息技术产业而培育出来的高素质、低工薪的劳动力,易于接受贴近实际条件的日本型生产制度。如果印度能够改进其社会基础设施,使电力供应、物流、道路交通状况等方面得到改善,印度汽车零部件产业将从仿制与模仿的时代,向基于预见时代需求的具有新开发理念的时代转变。

9.1.3 世界主要国家汽车零部件产业发展模式对中国的启示

通过对世界主要国家汽车零部件产业发展模式的分析,可以看到,尽管不同国家的不同模式各自都有突出的因素来推动其汽车零部件产业的发展,但是无论从哪一种汽车零部件产业发展模式来说,在汽车零部件产业的发展过程中,都具有一些共同的特点,值得中国借鉴。

(1)各国政府政策的支持和引导。对于美国、日本、德国和印度等汽车零部件产业发展较快的国家来说,尽管他们各自的经济技术发展水平不同,但是都有一个共同的特点,即汽车零部件产业的发展离不开各国政府的支持,尤其对于发展中国家来说,政府的作用更为明显。各国政府通过制定一系列产业政策,对国内零部件企业进行扶持,限制外来竞争,构建良好的金融环境,重视对汽车零部件人力资源的开发。尤其是日本的产业政策在对当时还处于幼稚产业阶段的日本汽车零部件产业来说,取得了很好的发展机会,值得我国借鉴。

(2)汽车零部件产业的专业技术人才和管理人才在各国的汽车零部件产业的发展中起着主要的作用。可以看到,美国拥有世界上最多的科学家、工程师和管理精英,对其保持活跃的技术创新起着决定性的作用。同样,德国和日本的汽车零部件产业的快速发展,也在很大程度上得益于其拥有大量的汽车技术人才和完善的人才培养教育体系。对印度来说,其汽车零部件产业发展十分迅速,这和其国内重视知识产权和重视人才的氛围不无相关。印度有一大批职业人才,他们不仅受过高等教育,也经过职业化训练,英语表达能力强,而且工价相对低廉,这使其具有了人才上的比较成本优势,极大地推动其汽车零部件产业的发展。所以,对汽车零部件这个资本和技术密集型的产业来说,人才的作用尤为重要。

(3)跨国公司在汽车零部件产业发展中发挥着重要作用。纵观美国、日本、德国和印度等国的汽车零部件产业发展的历程,不难发现,跨国公司在该产业中发挥了尤为重要的作用。由于汽车零部件作为汽车产业的上游产业,具有产业链长、产品种类复杂繁多的特点,跨国公司在组织该产业产品的生产销售和研发过程有着不可代替的优势。跨国公司基于对利益的追逐,不断扩大其全球的经验范围,促进了汽车零部件产业的技术进步和本土化生产。尽管以上分析的四个国家的汽车零部件产业发展模式各不相同,但是都离不开跨国公司的引领和带动作用。

(4)注重国内和国际两个市场的开发和培育。在分析的四个国家中,美国、日本和德国的产品和品牌遍布世界各个角落,他们的品牌文化在世界各地形成了一定的忠诚度,这对产业的稳定发展起到一定作用。印度作为后起之秀,也在加快其国际化的步伐,凭借成本优势使汽车零部件产品出口不断加大。所以,汽车零部件产业的发展,不仅要满足国内的需求,即来自于国内市场的动力,也要在全球经济一体化的氛围中开拓国际市场,借助国际市场的动力来推动该产业的发展。

9.2 中国汽车零部件产业发展模式的绩效分析

本书第 5 章从理论上构建了产业在生命周期不同阶段的发展模式评价指标体系,第 6 章对中国汽车零部件产业生命周期进行了分析,认为目前中国汽车零部件产业处于其产业生命周期的成长期。根据第 5 章产业成长期的发展模式评价指标体系,结合中国汽车零部件产业的特点,以及考虑了数据的可得性,现对其发展模式绩效作出评价。[①]

本书从纵向时间的维度,从产业规模、产业效益、技术水平、市场绩效和增长能力这五个方面选取了 18 个具体指标来对中国汽车零部件产业发展模式进行绩效分析。

9.2.1 产业规模指标分析

衡量中国汽车零部件产业规模的指标主要有:工业总产值、资产合计、全部从业人员年平均人数、产业人均资产投入和企业平均规模。从 2000 年到 2010 年这五个指标的数值如表 9-4 所示。

---

① 本节数据除了另行标注外,其他全部来源于国家统计局汽车零部件及配件制造业数据库。

表 9-4 2000—2010 年中国汽车零部件产业规模指标

年 份	工业总产值（千元）	资产合计（千元）	全部从业人员年平均人数（人）	产业人均资产投入（千元）	企业平均规模（千元）
2000	112658786	159186898	777282	205	/
2001	144016490	183696794	776776	236	283508.24
2002	192321962	207600998	837432	248	358476.96
2003	257418395	258038306	976128	264	438203.29
2004	354548000	370324000	1258400	294	345485.65
2005	415988000	439437000	1301600	338	399220.40
2006	550118295	538075260	1399864	384	488031.41
2007	763658645	645498748	1614785	400	196930.79
2008	987038310	801035553	1927723	416	187527.04
2009	1207688484	970553450	2003307	484	208808.32
2010	1449226180	1068427847	2145788	498	302156.75

资料来源：根据《国家统计局汽车零部件及配件制造业数据库》整理

从图 9-1 来看，从中国正式加入世界贸易组织的 2001 年至 2010 年，是中国汽车产业同时也是汽车零部件产业高速发展的"黄金十年"。从这 11 年汽车零部件产业的总产值增长来看，发展是十分快速的，总产值增长超过 10 倍，在国民经济中的地位增长 1.4 个百分点。从这 11 年的工业总产值的增长比率来看，均高于宏观经济增长速度，包含零部件产业的汽车产业已经成为国民经济支柱产业。

工业总产值的扩大也伴随着汽车及零部件产销规模的扩大。根据《中国汽车工业年鉴》的资料，在 2009 年时，中国汽车零部件产业的工业总产值超过 1.2 万亿（图 9-1），同时汽车总产量在世界汽车总产量中所占的比例超过 20%，产销排名位居世界首位，而且可以预计未来较长一段时间，中国都将保持汽车及零部件产销大国地位。

从图 9-2 来看，从 2000 年到 2010 年，中国汽车零部件产业总资产规模增加了近 6 倍，这表明中国汽车零部件产业的资产规模得到很大的壮大。该产业的年平均从业人员的人数增加了约 1.8 倍（图 9-3），表明了人力资源的规模增长巨大。

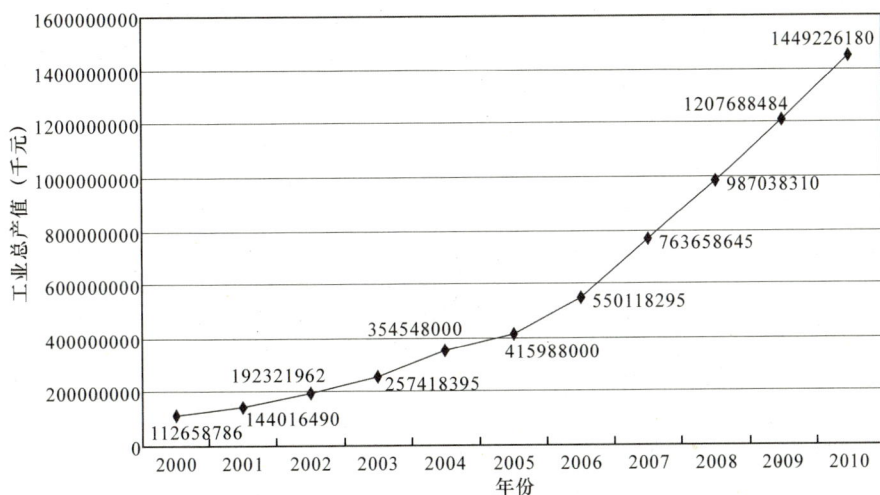

图 9-1　2000—2010 年中国汽车零部件产业工业总产值发展趋势图

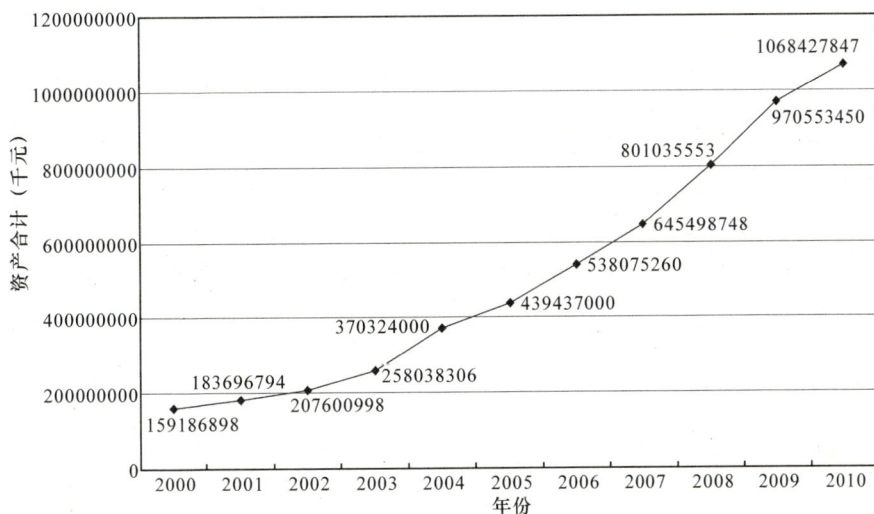

图 9-2　2000—2010 年中国汽车零部件产业资产合计发展趋势图

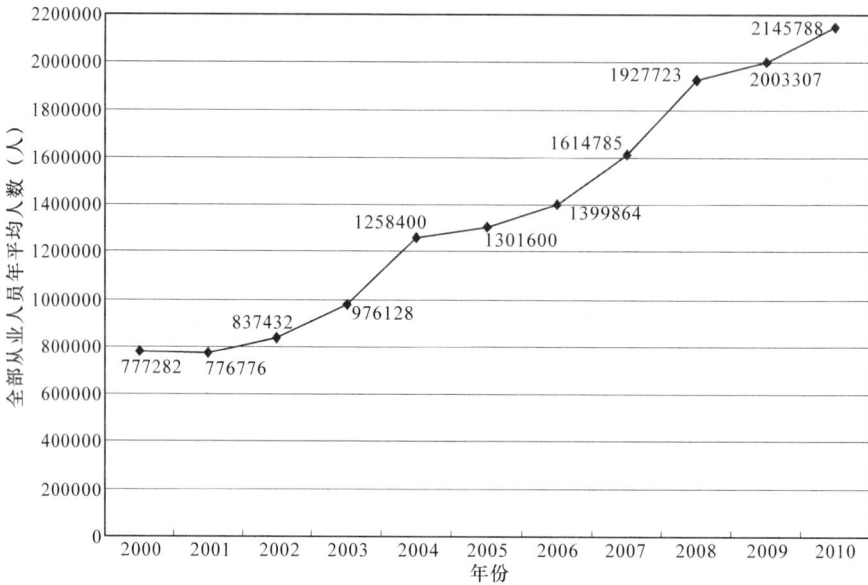

图 9-3 2000—2010 年中国汽车零部件产业全部从业人员年平均人数发展趋势图

中国汽车零部件产业人均资本投入指标反映了产业资产规模,也反映了该产业的人均装备水平。从图 9-4 来看,该产业的人均资本处于稳步上升的趋势,2010 年的人均资本投入约为 2000 年的 2.4 倍。投入到单位动力上的资本的增加说明了产业资产规模增加,而且产业的人均装备水平也在上升。

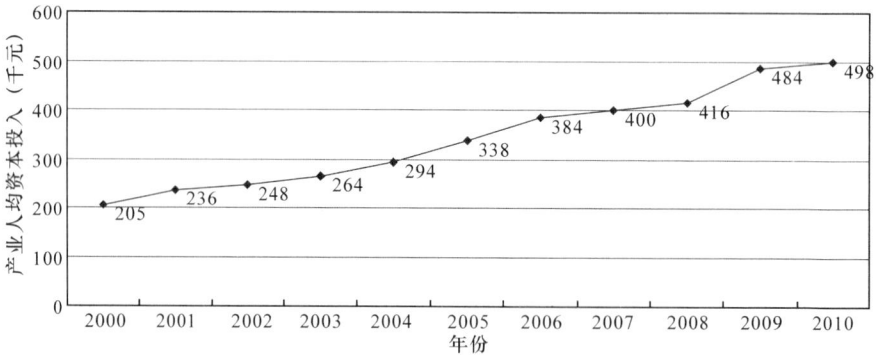

图 9-4 2000—2010 年中国汽车零部件产业人均资本投入发展趋势图

中国汽车零部件产业内企业平均规模指标,即用平均单位企业销售收入状况来衡量,是用整个产业的主营业务收入除以企业数量,反映了产业内的企业实力大小,可以看出产业内企业的平均规模水平。从图 9-5 可以看出,在

2004 年和 2007 年,该指标有下降的趋势;2004 年下降的原因主要是由于这段时间中小企业大量发展,拉低了企业的平均利润,而 2007 年则是由于金融危机影响了企业的主营业务收入。2010 年产业内企业平均规模和 2000 年对比,并没有大幅度的增加,说明了零部件企业的平均规模依然较小,没有普遍地提高。图 9-5 中后几年规模反弹乏力,说明了零部件产业快速发展的趋势减弱。关于产业增长能力的指标,本书在后面有具体分析。

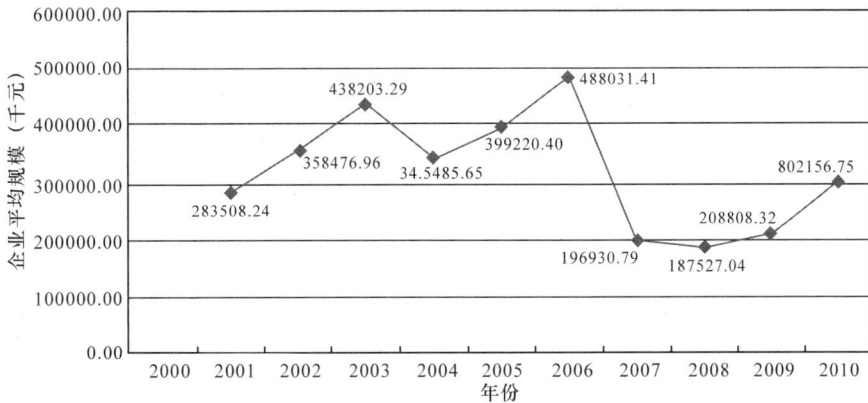

图 9-5　2000—2010 年中国汽车零部件产业企业平均规模发展趋势图

总之,从总体上来看,中国汽车零部件产业这 11 年的发展,在产业规模的发展上取得了很大的进步,尤其是工业总产值、总资产和从业人员数量这几个总量指标都翻了几番,平均指标也有一定程度上的进步。

9.2.2　产业效益指标分析

本研究选取了全员劳动生产率、成本费用利润率、资金利税率和流动资产周转次数这四个指标来评价中国汽车零部件产业效益。这四个指标分别从劳动生产效率、生产成本运作效率、资产运作效率与资金周转速度四个方面反映了零部件产业效益水平(表 9-5)。

全员劳动生产率是用每年的工业增加值除以全部从业人员年平均人数计算得出的。如图 9-6,从该指标数值的发展趋势来看,总体上是处于上升的趋势,2010 年的全员劳动生产率约为 2000 年的 3 倍,说明了中国汽车零部件产业的从业人员的劳动效率有了很大的提高。

147

表 9-5　2000—2010 年中国汽车零部件产业效益指标

年　份	全员劳动生产率（千元/人）	成本费用利润率（％）	资金利税率（％）	流动资产周转次数（次）
2000	42.24	/	5.23	/
2001	53.30	/	6.40	1.25
2002	64.52	7.92	8.29	1.44
2003	73.48	9.83	8.98	1.68
2004	75.23	8.99	7.04	1.71
2005	84.48	5.34	5.29	1.58
2006	99.70	5.62	6.48	1.79
2007	126.43	2.48	8.82	2.04
2008	115.88	2.33	8.73	2.14
2009	110.14	2.04	10.77	2.05
2010	112.56	2.94	/	2.28

资料来源：根据《国家统计局汽车零部件及配件制造业数据库》整理

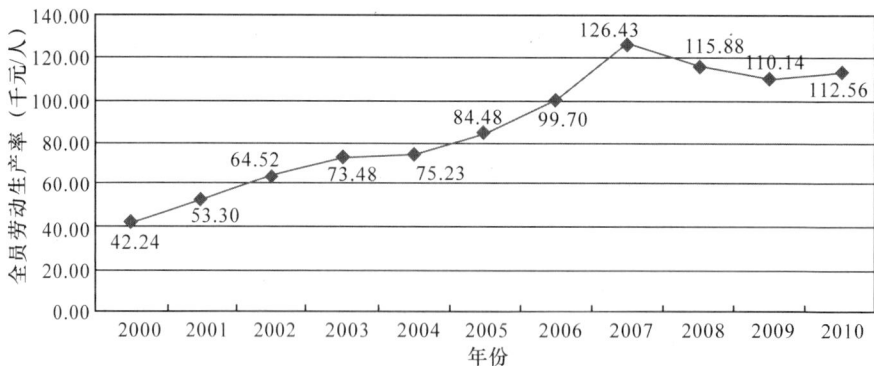

图 9-6　2000—2010 年中国汽车零部件产业全员劳动生产率发展趋势图

　　成本费用利润率的计算公式是：成本费用利润率＝利润总额/成本费用总额×100％，即单位成本费用能取得的利润。它反映了产业的盈利能力，即产业投入生产成本和费用的经济效益。从图 9-7 中可以看出，中国汽车零部件产业的成本费用利润率处于下降的趋势，2010 年该指标的数值是 2000 年的近 1/3，说明了中国汽车零部件产业的盈利能力越来越差，这不利于产业的可持续发展。这也是中国汽车零部件产业为市场和廉价劳动力驱动型的产业发展模式所导致的。

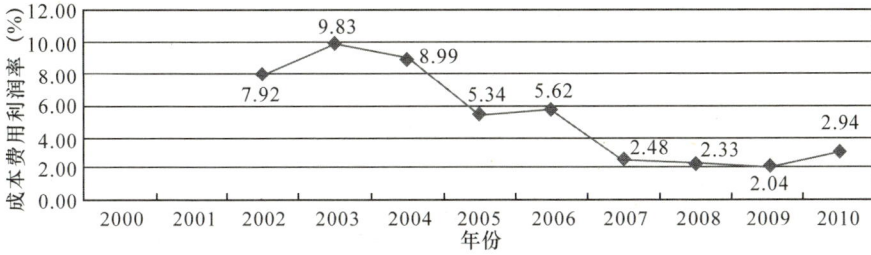

图 9-7　2000—2010 年中国汽车零部件产业成本费用利润率发展趋势图

资金利税率是产业在一定时期内(通常为一年),已实现的利润和税金总额与同期资产(固定资产净值与流动资产平均余额)之比。该指标反映了每单位资产能够提供的利润税金额,也反映了产业内企业资金运用的经济效益、资金投入效果和盈利能力。如图 9-8 所示,从资金利税率的发展趋势来看,2010 年是 2000 年的两倍,说明中国汽车零部件产业的资金利用效率在提高,零部件企业运用资金的经济效益在提高。

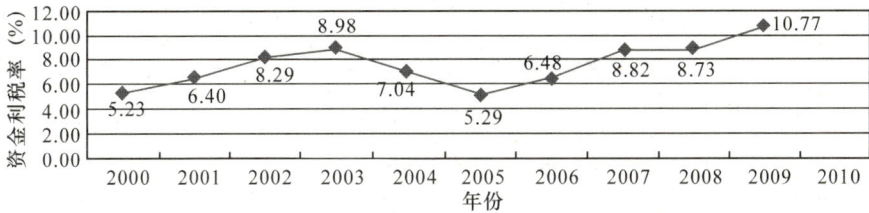

图 9-8　2000—2010 年中国汽车零部件产业资金利税率发展趋势图

流动资产周转次数的计算:流动资产周转次数(次)=产品销售收入/流动资产年均余额。流动资产的周转速度由该指标体现,周转速度越快,其盈利能力越强。从图 9-9 所示的发展趋势看,中国汽车零部件产业的流动资产周转次数从 2000 年的 1.25 次上升到 2010 年的 2.28 次,周转速度提高了近一倍,速度加快,说明中国汽车零部件产业流动资产运营效率得到提高,从而获利能力在提高,产业的发展绩效也在提高。

总之,从以上的分析可以看出,尽管全员劳动生产率、资金利税率和流动资产周转次数都有所提高,但中国汽车零部件产业效益从成本费用利润率来看处于下降的趋势,这主要是由于产业发展模式是属于市场和廉价劳动力驱动型的粗放发展模式,其发展质量和可持续性都是有限的。

件产业流动资产周转次数发展趋势图

9.2.3 科研技术水平指标分析

产业技术水平在很大程度上决定了该产业技术创新和核心竞争能力,尤其是对汽车零部件这个高技术含量的产业来说。这里主要通过申请专利数量来衡量中国汽车零部件产业的科研技术水平的发展(数据来源于《2011 年中国汽车工业统计年鉴》)。

2011 年中国汽车行业专利公开总量为 50062 件,同比增长 22.8%。"十一五"期间,中国汽车行业专利公开总量由 2006 年的 17200 件上升到 2010 年的 40780 件,年平均增速 24.4%(表 9-6)。2011 年作为"十二五"规划的第一年,中国汽车行业专利公开总量增长速度有所放缓,但仍保持了高速增长[3]。

汽车主要零部件包括发动机、底盘、车身和车用电气四大类。2011 年,公开发动机相关专利 9290 件,同比增长 20.2%;公开底盘相关专利 17414 件,同比增长 26.9%;公开车身相关专利 14517 件,同比增长 22.2%;公开车用电气相关专利 8841 件,同比增长 18.7%(图 9-10 和表 9-7)。

表 9-6 2006—2011 年中国汽车行业专利公开数量(件)

年份	发明专利	实用新型专利	外观设计专利	专利总数	同比增加(%)
2006	8253	7133	1814	17200	27.1
2007	8978	10020	2488	21486	24.9
2008	11037	12248	2591	25876	20.4
2009	13555	13677	3872	31115	20.2
2010	14303	20957	5502	40780	31.1
2011	18758	26053	5251	50062	22.8

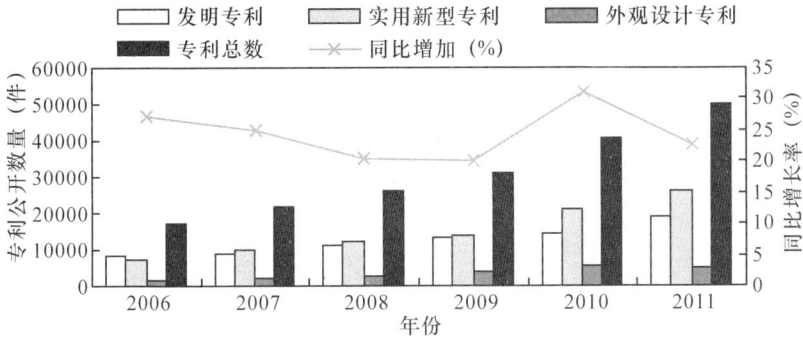

图 9-10　2006—2011 年中国汽车行业专利公开数量及增长率[3]

表 9-7　2010—2011 年中国汽车行业主要零部件专利公开数量(件)[3]

主要类别	细分类别	2010 年		2011 年	
		公开数量	共计	公开数量	共计
车用发动机	点火系统	1207	7731	1385	9290
	启动系统	500		576	
	冷却系统	1125		1335	
	润滑系统	863		995	
	供给系统	1536		1951	
	其他	2500		3048	
汽车底盘	传动系统	4877	13726	6669	17414
	行驶系统	5655		6532	
	转向系统	1070		1395	
	制动系统	2124		2818	
汽车车身	壳体及附件	5840	11878	7449	14517
	车窗	465		508	
	车门	785		820	
	安全防护	1939		2310	
	其他	2849		3430	
汽车电气	电源	3588	7445	5057	8841
	照明及信号	2104		2610	
	其他	1753		1174	
合计		40780		50062	
同比增长(%)		31.1		22.8	

　　从以上的分析来看,中国汽车零部件产业的科研技术水平在提高,尤其是汽车底盘配件和汽车车身配件方面的科研成果更加多一些,而高端技术密集的发动机部分的科研创新相对少一些,说明该产业高端的科研创新有待加强。

9.2.4　市场绩效指标分析

产业市场绩效反映了一个产业对市场的占有和控制能力,也反映了该产业内企业的盈利能力。在这里选取的市场绩效指标包括两个:产品销售收入和市场占有率。

从零部件产品的销售收入来看,2010 年的数值约为 2001 年的 4 倍(图 9-11),说明汽车零部件产业的市场经历了大幅度的扩张,对市场的开拓和占领取得了很大的进展。

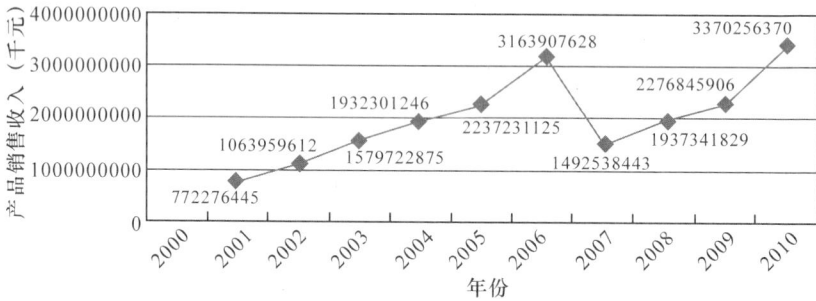

图 9-11　2000—2010 年中国汽车零部件产业产品销售收入发展趋势图

但是,从图 9-12 所反映的 2011 年不同所有制企业的销售收入的组成来看,中国本土企业的市场占有率是比较低的,外商与港澳台企业占到了 50%,而国有企业和私营企业加起来才占到 25%,这说明了中国市场被国外企业占领。从这个方面来说,中国汽车零部件产业的市场绩效不容乐观。

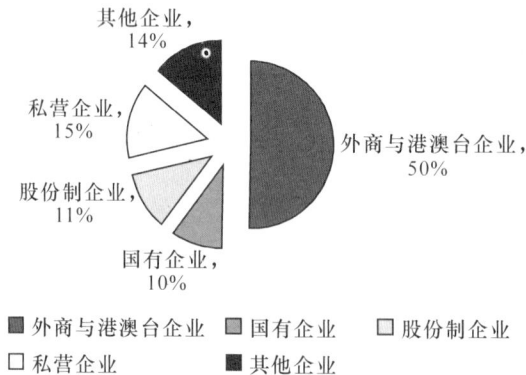

图 9-12　2011 年中国汽车制造业不同所有制企业销售收入分布图

9.2.5 产业增长能力指标分析

一个产业的增长能力要从产业的规模扩张、市场结构、资源投入增长、产业效益提升和市场需求增长等多方面来衡量。本书下面选取了 6 个指标来衡量中国汽车零部件产业的增长能力:产业总产值增长率、企业单位数增长率、从业人员增长率、资产合计增长率、产业利税增长率和产品销售收入增长率(表 9-8)。

表 9-8 2001—2010 年中国汽车零部件产业增长能力指标

年 份	产业总产值增长率	企业单位数增长率	从业人员增长率	资产合计增长率	产业利税增长率	产品销售收入增长率
2001	27.83%	9.13%	−0.07%	15.40%	41.17%	/
2002	33.54%	8.96%	7.81%	13.01%	46.37%	37.77%
2003	33.85%	21.46%	16.56%	24.30%	34.61%	48.48%
2004	37.73%	55.15%	28.92%	43.52%	12.64%	22.32%
2005	17.33%	0.20%	3.43%	18.66%	−10.93%	15.78%
2006	32.24%	15.69%	7.55%	22.45%	50.00%	41.42%
2007	38.82%	16.91%	15.35%	19.96%	63.43%	−52.83%
2008	29.25%	36.31%	19.38%	24.10%	22.82%	29.80%
2009	22.35%	5.55%	3.92%	21.16%	49.38%	17.52%
2010	20.00%	2.29%	7.11%	10.08%	/	48.02%

资料来源:根据《国家统计局汽车零部件及配件制造业数据库》整理

如图 9-13 所示,产业总产值的增长率基本都保持在 20%~30%,基本属于指数型增长,说明中国汽车零部件产业的规模扩张能力非常强。

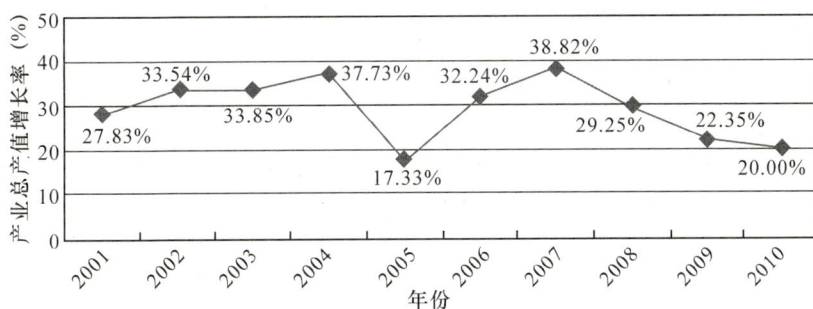

图 9-13 2001—2010 年中国汽车零部件产业总产值增长率趋势图

如图 9-14 所示,从企业单位数的增长率来看,中国汽车零部件企业数量都是处于增长的状态,有增长率很大的年份,比如 2004 年,也有增长率较小的年份,比如 2005 年,但是从总体上来说,企业数量一直处于增长的状态,使得零部件产业的市场结构向竞争的趋势发展。

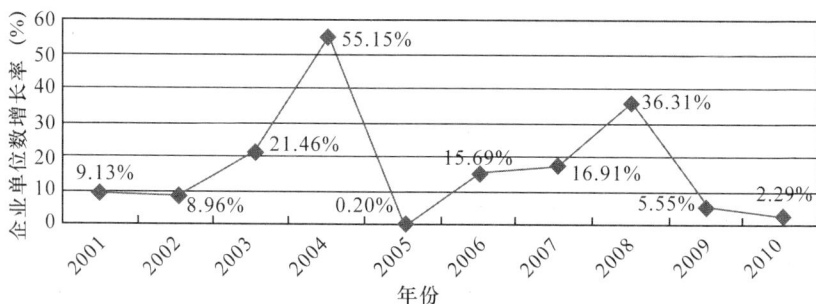

图 9-14　2001—2010 年中国汽车零部件产业企业单位数增长率趋势图

如图 9-15 所示,从中国汽车零部件产业从业人员增长率来看,除了 2001 年极小的负增长之外,接下来的年份都是处于快速增长状态,说明该产业在劳动力资源的投入上不断加大,劳动力对产业的发展起到了主要推动作用。但是如果一直靠劳动力投入来推动,其可持续发展能力是有限的。

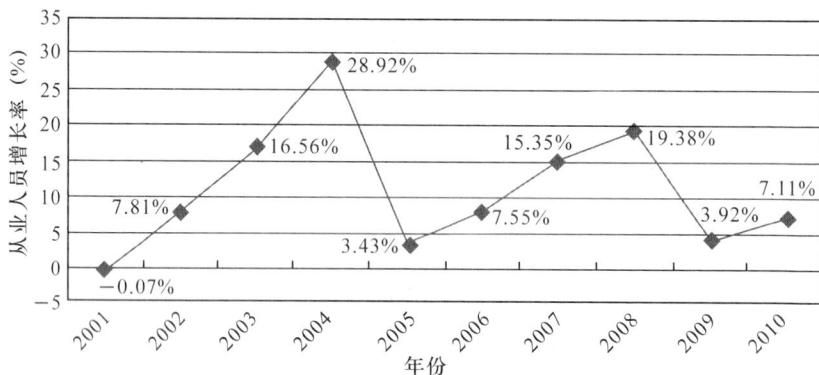

图 9-15　2001—2010 年中国汽车零部件产业从业人员增长率趋势图

如图 9-16 所示,资产合计的增长率平均保持在大约 20%,也说明汽车零部件产业的规模扩张能力的强大,但从 2008 年之后,增长率有下降的趋势。

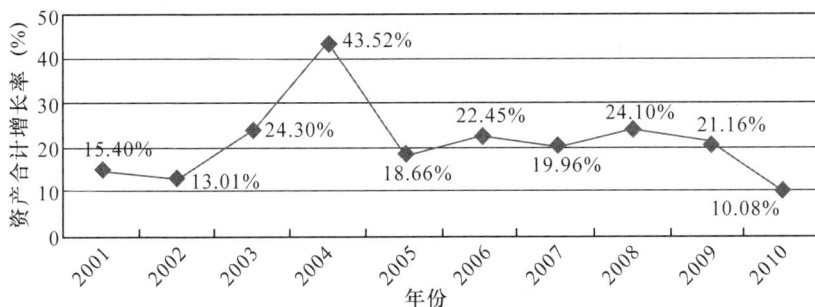

图 9-16　2001—2010 年中国汽车零部件产业资产合计增长率趋势图

如图 9-17 所示,汽车零部件产业的利税增长率在 2002 年之后一直处于下降的趋势,并在 2005 年出现了负增长,这之后的利税增长率出现了上下波折,说明了中国汽车零部件产业效益虽然基本处于增长状态,但是其盈利能力不是很稳定。

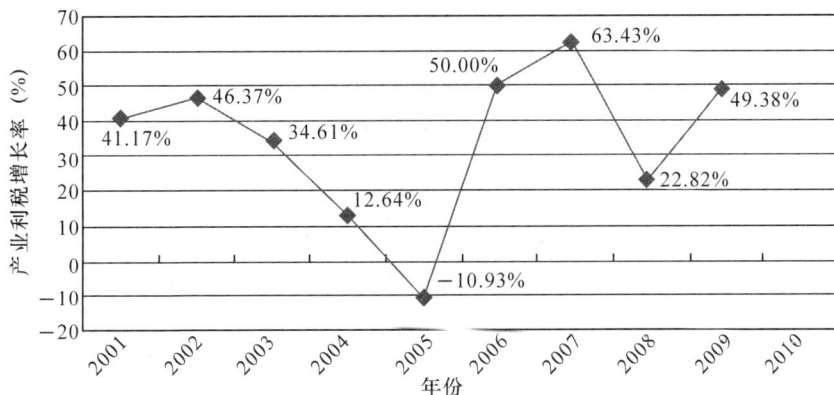

图 9-17　2001—2010 年中国汽车零部件产业利税增长率趋势图

如图 9-18 所示,汽车零部件产业的产品销售收入一直处于高速增长状态,除了 2007 年的大幅度的负增长,这主要是受到总体宏观经济环境的影响。从总体上来说,中国汽车零部件产业的市场需求增长是非常强大的。市场需求是推动该产业发展的主要动力因素之一。

综上所述,纵观中国汽车零部件产业这 11 年来的发展历程,从反映规模扩张能力的工业生产总值和总资产等指标来看,中国汽车零部件产业的规模扩张能力是很强的;从反映市场结构的企业数量来看,产业市场结构趋于竞争趋势;从从业人员增长率反映的资源投入增长率来看,劳动力的投入增长是较大的;从资金利税增长率反映的产业效益提升情况来看,产业效益有提高但是不稳定;从销售收入增长率反映的市场需求增长来看,该产业市场增长能力非常强。

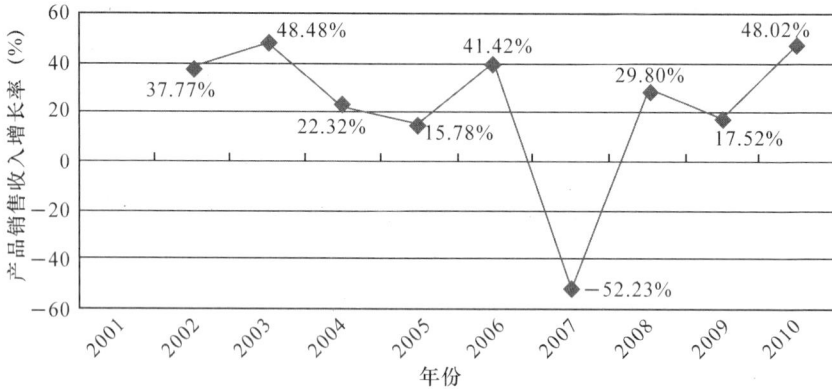

图 9-18 2002—2010 年中国汽车零部件产业产品销售收入增长率趋势图

可以看到,该产业主要依靠劳动力和市场需求拉动的增长能力是有限的,尤其是从近几年的增长率的下降趋势可以看出,中国汽车零部件产业需要从原来的市场和廉价劳动力驱动型的发展模式逐渐转向依靠资本合理投入和技术创新的产业发展模式。

9.3 中国汽车零部件产业发展模式优化的政策建议

由中国汽车零部件产业发展模式的绩效分析可以看出,虽然在发展总量上取得了很大的进步,但是在发展质量上还存在很多不足。中国汽车零部件产业需要从之前的市场和廉价劳动力驱动型发展模式转向依靠技术创新和资本驱动型发展模式。现给出政策建议如下:

(1)为了扩大生产规模,增强企业的竞争力,需要加大对国内汽车零部件企业之间兼并重组的鼓励和引导

汽车零部件企业的规模化生产是提高企业核心竞争力的前提和基础,规模化生产不仅能带来规模经济效益,也提高了企业可持续发展的能力。纵观全球汽车零部件企业,不管是生产企业,还是专门组织贸易的企业,都是朝着这个趋势发展。而中国汽车零部件产业发展水平比较低,可以概括为"散、乱、

差"。针对这个发展现状,在政策上必须加大引导和扶持力度,使中国汽车零部件企业抓住新的增长机遇和全球产业链整合的机会。中国汽车零部件产业要按照在政策上坚持扶优和通过市场竞争优胜劣汰这两个原则,引导企业之间兼并重组,不仅本土企业之间要强强联合,提高核心竞争力,同时也和国家汽车零部件企业建立业务合作关系,促使中国汽车零部件产业整合的步伐加快。中国汽车零部件产业以各方面的优惠政策引导各种资源向规划内企业投资,来促进部分骨干企业为基础的战略性重组,通过国家的产业政策扶持、市场机制的优胜劣汰,力争形成 50~100 家具有生产规模的汽车零部件企业,并由这批企业的创新研发优势带动整体产业的升级。

(2)扶持和鼓励有竞争优势的中小零部件企业提高市场拓展能力和专业化水平,使没有竞争优势的中小企业在市场竞争中淘汰,并优化供应链关系

中国汽车零部件的中小企业数量非常多,但是很多小企业是没有效率,重复建设,很容易引起恶性竞争的。随着汽车零部件厂商独立发展的趋势日益明显,并且总装厂外购比例日益提高,加速了对没有竞争优势的中小企业的淘汰,我们要使有限的资源得到集中,扶持有竞争优势和条件的中小零部件企业,并加强他们与整车装配企业之间的供应链协作关系。降低成本的压力和市场竞争的激烈程度,在市场机制的作用下,促进汽车零部件产业组织形态逐步优化,在政策上必须做到:①促进零部件企业和整车生产企业的沟通协作,鼓励零部件企业参与整车企业的前端设计和开发,以求零部件企业进行系统化和模块化供货并在零部件产品的核心技术上有所突破,提高零部件企业在汽车产业中的地位;②鼓励零部件企业从整车企业中剥离,独立面向市场,在市场竞争中,开拓适合自身发展的研发、生产、采购等环节,建立有效的、相互促进的合作方式,优化供应链关系,并使有条件的零部件企业与整车企业建立长期、稳定的战略合作伙伴关系,提高企业核心竞争能力。

(3)要认真思考零部件产业如何利用外资战略,根据形势发展及时调整,以免陷入被动的局面

很多年以来,中国零部件产业在利用外资上都打着用市场换技术的口号,但是市场失去了,技术也没有换到。张维迎有个比喻,中国市场就像个大舞台,主角和配角都是外资企业,而中国的企业只是跑龙套的。这个用来形容汽车零部件产业是形象的。在经济全球化的趋势下,任何产业都不可能离开国际背景独立发展,像日本曾经实施的对汽车产业的保护政策,在当今的中国已经是不太可能了,但是在引进和利用外资的策略上,还是要考虑到中国汽车零

部件产业的不足。一方面,中国汽车零部件产业应该积极实施"开放的大国图强"战略,充分利用国内零部件市场需求持续增长的有利条件,抓住世界汽车零部件产业全球分工转移的战略机遇,在日益开放的市场环境中,实施更加有效的引导政策。民族汽车零部件企业应当通过有效的学习与合作,逐步形成并强化自身的竞争优势;利用已经大规模存在的外资吸引更多的跨国汽车零部件企业来中国进行本土化投资,借此机会可以利用自身条件改变管理模式和组织形态。整个过程应在适应本地市场环境的基础上,坚持"以我为主、为我所用"的原则。而另一方面,在一些关键汽车零部件产品和关键高端技术上,要加大国家各方面资源投入力度来支持自主研发,通过政策来扶持和加强本土企业的优势,改变外资在高端技术产品上对中国市场的垄断局面。这也是中国汽车零部件产业发展模式转变的关键所在,是产业可持续发展的根本。

(4)充分发挥行业协会的作用,对中小零部件企业加强政策扶持,为汽车零部件产业集群的形成和发展奠基

中国汽车零部件产业集群的加速发展,对提高该产业的发展质量、发展速度和产业竞争优势具有很大的推动作用。众所周知,WTO组织主要约束的是政府的行为,而行业协会的行为只是通过本国政府间接来控制,行业协会在保护本国企业尤其是中小企业上有着政府不可替代的作用。这就使得行业协会对产业的保护行为更加隐蔽。发达国家已经由行业协会来承担产业保护主体了。产业集群的发展和行业协会的发展是相互促进的。所以中国汽车零部件相关行业协会要配合和响应政府的举措,统一本产业主要企业和骨干企业的行动,通过各种措施来防止民族产业受到不合理的损害,从而能够实现不由政府出面照样能够达到保护国内市场和壮大产业的目标。行业协会的保护作用体现在几个方面。首先,要防止恶性价格竞争。行业协会应当出面对出口企业进行价格自律等来规范市场秩序,同时要积极应对国外的反倾销投诉。其次,为零部件产业及企业的长远发展提供最新政策。汽车零部件相关协会在充分了解和调查市场情况的基础上,加强与政府之间的沟通,同时要为决策部门当好参谋,提供决策信息。再次,促进建立企业联合体,进一步做大规模。行业协会通过了解产业内企业信息,协调企业行为,通过对行业内各企业信息的收集与分析,引导和促进产业内企业的并购和重组,在行业协会作用的基础上,通过政策上的扶持推进零部件产业集群的发展;对集群内有竞争优势的中小企业进行必要的金融服务支持,增大对这些零部件企业的融资力度;在产业集群内形成"大、中、小"合理的零部件组织结构,同时要积极支持从事高端技

术的、有前途的零部件的研究开发的企业,试行一些必要的减少税收负担的优惠政策,为促进其进行技术创新扫清路障。针对集群内中小零部件企业技术力量不足的事实,政府和行业协会要给予这些中小零部件企业必要的技术支持,促进其迅速发展壮大。

(5)政策上突出对民营资本的扶持力度,促进民营资本在汽车零部件产业中做强做大

国有资本、民营资本和外资在中国市场上形成了"三足鼎立"的局势。进入中国的外资企业几乎都是世界五百强,和他们这些实力雄厚的"正规军"相比,中国汽车零部件的民营企业就像"土八路"。民营企业尽管在技术和资金上不能和外资企业相抗衡,但是凭借其产权清晰、机制灵活、创新能力强等特点,加上自己特殊的本土优势,在市场的扩张上民营汽车零部件企业有着不可小视的力量。因此,要制定和研究出台各项政策,比如通过向具备一定条件的民营企业提供税收优惠等措施,鼓励民营资本进入汽车零部件产业;对已有的零部件民营企业加大扶持力度,根据企业特点鼓励兼并重组,提高民营企业规模水准。国际零部件产业的发展事实表明,一个国家产业的振兴必须依靠民族企业的发展壮大,因此中国汽车零部件产业的发展依赖于民营汽车零部件企业的壮大。

(6)认真思考和设计对汽车零部件企业技术创新和科研的扶持政策和制度

汽车零部件产业属于技术密集型的产业,技术上的领先是形成产业核心竞争力的关键,在技术和研发领域需要持续投入才能形成竞争优势。目前中国汽车零部件产业的技术水平落后于发达国家。包含产业政策的制度创新是使相对落后的产业集群实现跨越式升级的必要条件。应该认真研究创新政策对汽车零部件产业升级的影响,提出由国家政策主导的一系列制度安排,即撬动战略来加速中国汽车零部件产业升级,主要是支持创新和知识驱动的产业技术制度创新体系,一方面促进官产学研合作平台形成和合作机制有效运行,促进风险投资;另一方面,通过这些制度安排加速先进汽车零部件生产技术从德国等发达国家向中国转移扩散,从而促进中国汽车零部件产业的转型升级。

(7)鼓励汽车零部件出口的同时保持中国汽车零部件产品的成本优势,提高零部件产品性价比

中国的汽车零部件产品凭借着成本上的优势,开拓了众多的海外市场。这几十年来中国汽车零部件出口保持持续增长的态势,亚洲、北美、欧洲成为

中国汽车零部件三大出口市场。出口市场是中国汽车零部件产业发展的主要驱动力之一,主要借助全球价值链(GVC)升级(即从GVC低端环节直接嵌入GVC高端环节)来实现升级目标。汽车零部件产业集群除了需要加强生产制造环节的工业和产品升级外,还需要通过品牌销售等市场环节来提升集群品牌竞争力,形成有序互补的供货体系,改变恶性竞争状态。

参考文献

[1] 张玉来.产业政策与企业创新——日本汽车产业成功的启示[J].南昌航空大学学报(社会科学版),2008,10(2):25-32.

[2] 李庆文.德国汽车工业的七大战略特征[J].汽车工业研究,2012,(3):10-13.

[3] 中国汽车工业统计年鉴[M].北京,2012:392-393.

第10章 总 结

10.1 总 结

随着经济全球化趋势的发展,资源要素在国界之间流动壁垒的降低,发达国家和发展中国家在产业发展上的竞争越来越激烈。产业发展是一个国家经济发展的基础,所以对产业发展模式的研究有着重要的现实意义。在此背景下,本书立足于马克思政治经济学和西方产业经济学的相关理论,试图建立研究产业发展模式的一般性理论框架,并在该研究框架下对中国汽车零部件产业发展模式进行分析。本书主要结论如下:

(1)本书提出了产业发展模式的定义。产业发展模式是指一个产业随着产业整体的发展,在其主要发展驱动力的作用下,所表现出来的发展特点和规律。本文认为,产业发展模式应该是回答"一个产业是怎样发展起来的,其发展过程呈现出什么样的特点"这两个问题,即产业发展的主要驱动因素和发展的规律特点。比如劳动密集型产业发展模式,劳动力是这个产业发展的主要驱动因素;而技术密集型的产业发展模式,技术则是该产业发展的主要驱动力。这些分类从本质上指出了产业发展的主要驱动力。而经常出现的产业的集群发展、融合发展和发展的周期性,则是产业发展过程中表现出来的规律特点。

(2)本书以产业结构理论、产业组织理论、产业集群理论和产业生命周期理论作为研究产业发展模式的理论基础,提出了产业发展模式的理论研究的一般性框架,包括三方面:一是对某个产业发展规律趋势和发展特点的总结;二是研究该产业发展动力因素并得出产业发展模式类型;三是对该产业发展模式进行绩效评价,并提出模式优化的建议。

(3)本书归纳和总结了产业发展规律。在时间上,产业发展的阶段性规律,体现为产业的生命周期;在空间上,产业发展的集合性规律,体现为产业集群发展。单个产业发展趋势包括产业发展的国际化和生态化。本书分析了形成这些发展规律的内在机理和影响因素。

(4)本书构建了研究产业的发展动力系统,包括研究产业发展的作用机制和动力因素。产业发展的作用机制包括利益驱动机制、供求机制和差异机制等内部机制,以及竞争机制、决策与协调机制等外部作用机制;而产业发展的动力因素包括需求、技术创新、自然资源、劳动力、投资、制度等因素。本书分析了这些机制和因素对产业发展所产生的推动作用。

(5)本书提出基于产业发展的驱动力对产业发展模式进行分类,并针对产业生命周期的不同阶段构建了产业发展模式绩效评价的指标体系。

(6)本书运用特征变量法对中国汽车零部件产业所处的生命周期阶段进行判断,得出中国汽车零部件产业目前处于产业生命周期的成长期阶段。

(7)本书根据西方产业经济学的分析框架,对中国汽车零部件产业市场结构、市场行为和市场绩效进行分析,然后基于哈佛学派的结构—行为—绩效(SCP)理论,选择成本费用利润率作为市场绩效测量指标,企业数量和出口值占总销售值的比例作为市场结构和行为的测量指标,采用2001年到2010年的季度数据,对中国汽车零部件产业市场绩效做了实证分析。结果表明,企业数量与利润率负相关,出口值占总销售值与利润率正相关。

(8)本书从市场动力、人力资源动力、资本动力、技术创新和制度动力(主要指产业政策)这五个方面对中国汽车零部件产业的发展动力进行分析。其中市场动力包括配套市场、出口市场和售后市场;劳动力包括一般劳动力、专业人力资本和企业家人力资本;资金动力包括国有资本、外资和民营资本;制度动力则主要分析产业政策的影响。我们在分析了这些动力因素对中国汽车零部件产业发展的推动作用的基础上,找出了现阶段中国汽车零部件产业发展的主要动因是巨大的市场和零件劳动力带来的成本优势,从而得出了中国汽车零部件产业现阶段的发展模式是市场和廉价劳动力驱动模式。

(9)本书对美国、日本、德国、印度等国的汽车零部件产业发展模式进行了比较分析,得出其对中国的启示;运用本书在第5章构建的产业发展模式绩效评价指标,对处于产业生命周期的成长期阶段的中国汽车零部件产业发展模式进行了绩效评价。结果表明,目前中国的市场和廉价劳动力驱动型的产业发展模式不可持续,必须向技术创新和资本驱动型发展模式转变,并给出了相应的政策建议。

10.2 创新之处

本书可能的创新之处表现在以下几方面：

(1)构建了产业发展模式理论研究的一般框架。本书认为，产业发展模式是在研究产业发展的基础上，再总结出其模式的。而产业发展应该包含两方面：首先是对产业发展过程的总体刻画，然后是研究其背后的作用机制和动力。而通过对产业发展的这两个方面的探究，得出了其发展模式，即在发展动力作用下的产业发展规律和特点。所以本书认为，产业发展模式的研究框架应包括三个方面，即产业发展规律研究，产业发展作用机制和动力研究以及产业发展模式的类别、绩效评价、模式优化研究。该理论框架可以用于其他产业发展模式的研究和分析。

(2)重新修正了产业发展模式的含义，明确了产业发展模式的分类标准。本书认为产业发展模式是从产业发展的外在表现规律和内在发展动力两个层面共同作用的结果，并从这个角度定义了产业发展模式。之前的研究对产业发展模式的类型并没有提出明确统一的分类标准，而本文提出以产业的主要驱动因素为基础来确立产业发展模式的类型。比如产业主要受技术创新驱动，就是技术创新驱动型产业发展模式。抓住一个产业发展中的主要推动因素是关键，当然可以是一种也可以是两种主要推动因素。而产业发展模式的转化就是指一个产业依靠的推动因素发生改变。本书认为，基于产业发展的驱动力对产业发展模式进行分类是比较合理的，符合本书分析过程和研究目的。事实上，很多学者提出的"政府主导型发展模式"或"市场主导型发展模式"，已经潜意识地运用了这个划分标准，只是没有人明确提出。

(3)本书运用构建的产业发展模式研究的一般理论框架对中国汽车零部件产业发展模式进行了分析。首先是分析产业发展规律特点和产业组织，这是该发展模式的外在表现；然后是分析发展动力，这是该产业发展内在推动因素；最后是发展模式的绩效评价和政策建议。

(4)在对中国汽车零部件产业的生命周期分析时，根据理论部分的特征变量法，选取该产业发展的几个特征变量，对中国汽车零部件产业目前所处的生命周期阶段进行了判断。

(5)在对中国汽车零部件进行产业组织分析时，基于哈佛学派的结构—行为—绩效(SCP)理论,采用 2001 年到 2010 年的季度数据,在产业层面对中国汽车零部件产业市场绩效的影响因素做了实证分析。

(6)运用构建的产业发展模式绩效评价指标体系对中国汽车零部件产业发展模式进行绩效评价。这需要在前面部分中先确定出该产业目前所处的生命周期阶段,在哪个阶段就用哪个阶段的指标体系。

索　引